Beate Hofmann/ Isolde Karle/
Tom Kleffmann/ Malte Dominik Krüger

Welche Zukunft hat die Kirche?

Beate Hofmann/ Isolde Karle/
Tom Kleffmann/ Malte Dominik Krüger

Welche Zukunft hat die Kirche?

Aktuelle Perspektiven
evangelischer Theologie

unter Mitwirkung von
Anna Niemeck

Mohr Siebeck

Beate Hofmann, geboren 1963, Studium der Ev. Theologie in Bethel, Heidelberg, Evanston (Illinois), Hamburg und München; Promotion in München und Habilitation in Neuendettelsau; Professuren in Nürnberg und Wuppertal/Bethel; seit 2019 Bischöfin der Evangelischen Kirche von Kurhessen-Waldeck.

Isolde Karle, geboren 1963, Studium der Ev. Theologie in Tübingen, Cambridge (USA) und Münster; Promotion in Kiel und Habilitation in Bonn; seit 2001 Professorin für Praktische Theologie an der Ruhr-Universität Bochum; seit 2015 Direktorin des Instituts für Religion und Gesellschaft; seit 2021 Prorektorin für Diversität, Inklusion und Talententwicklung.

Tom Kleffmann, geboren 1960; Studium der Philosophie, Geschichte und Ev. Theologie in Göttingen und Tübingen; Promotion und Habilitation in Göttingen; seit 2006 Professor für Systematische Theologie an der Universität Kassel.

Malte Dominik Krüger, geboren 1974, Studium der Ev. Theologie und Philosophie in Tübingen, Wien und Göttingen; Promotion in Tübingen und Habilitation in Halle/S., seit 2016 Prof. für Systematische Theologie und Religionsphilosophie und Direktor des Rudolf-Bultmann-Instituts für Hermeneutik an der Philipps-Universität Marburg.

ISBN 978-3-16-161273-2 / eISBN 978-3-16-161274-2
DOI 10.1628/978-3-16-161274-2

Die Deutsche Nationalbibliothek verzeichnet diese Publikation in der Deutschen Nationalbibliographie; detaillierte bibliographische Daten sind über *http://dnb.dnb.de* abrufbar.

© 2022 Mohr Siebeck Tübingen. www.mohrsiebeck.com

Das Buch wurde von Gulde-Druck in Tübingen gesetzt, auf alterungsbeständiges Werkdruckpapier gedruckt und gebunden.

Printed in Germany.

Vorwort

Die folgenden Beiträge dokumentieren die Beiträge der *3. Internationalen Bultmann-Lecture* an der Philipps-Universität Marburg am 7. Juni 2021. Veranstalter war das *Rudolf-Bultmann-Institut für Hermeneutik* am Fachbereich Evangelische Theologie der Philipps-Universität. Aufgrund der Pandemie fand die Veranstaltung digital statt.

Im Mittelpunkt der Beiträge stehen – insbesondere angesichts eines drastischen Mitgliederrückgangs und eines dadurch drohenden Relevanzverlustes von Theologie und Kirche in der Gesellschaft – die Fragen: Welche Zukunft hat die (evangelische) Kirche (in Deutschland)? Wie muss sie sich verhalten, wenn sie ihren Auftrag verwirklichen möchte? Die folgenden Beiträge möchten dazu Anregungen vermitteln und Perspektiven für die weitere Diskussion einspielen.

Die Reihenfolge des Abdrucks der Beiträge entspricht derjenigen der Vorträge. Als Gastgeber des *Rudolf-Bultmann-Instituts für Hermeneutik* eröffnete der Systematische Theologe Prof. Dr. Malte Dominik Krüger (Marburg). Für die *Evangelische Kirche von Kurhessen-Waldeck* trug die Bischöfin Prof. Dr. Beate Hofmann (Kassel) vor und für die *Rudolf-Bultmann-Gesellschaft für Hermeneutische Theologie* sprach der Systematische Theologe Prof. Dr. Tom Kleffmann (Kassel). Den Hauptvortrag der *Bultmann-Lecture*, der auch die Diskussion bestimmte, hielt die Praktische Theologin Prof. Dr. Isolde Karle, die

Direktorin des *Instituts für Religion und Gesellschaft* an der Ruhr-Universität Bochum ist.

Für den Druck wurden die Beiträge von Beate Hofmann und Isolde Karle geringfügig überarbeitet. Der Beitrag von Malte Dominik Krüger wurde für den Druck ausgearbeitet. Der Beitrag von Tom Kleffmann ist die überarbeitete Fassung eines schon veröffentlichten Beitrags. Aracne Editrice danken wir für die Erlaubnis zum Abdruck.

Den Marburger Mitarbeitern Frau Anna Niemeck und Herrn Lennart Krach sei für die Redaktion, die Druckvorlage und die Register gedankt. Den Mitarbeitern, besonders Frau Elena Müller und Frau Susanne Mang, vom Verlag Mohr Siebeck danken wir für die gute Zusammenarbeit und die Möglichkeit zur Veröffentlichung.

Bochum/Kassel/Marburg im September 2021

Die Autorinnen und Autoren

Inhalt

Wie könnte die Kirche in Zukunft sein?
Ein Versuch im Anschluss an Rudolf Bultmann

Malte Dominik Krüger

1 Welche Zukunft hat die Kirche?

Die alte Frage „Welche Zukunft hat die Kirche?" stellt sich angesichts eines drastischen Mitgliederrückgangs der Kirche im deutschsprachigen Bereich in neuer Weise[1]:

---

[1] Unter der Kirche wird im folgenden Beitrag in der Regel die evangelische Kirche verstanden, die ihrerseits eine Konkretion der einen Kirche Jesu Christi ist (vgl. zu den damit verbundenen Problemen: Tom Kleffmann, Grundriß der Systematischen Theologie, Tübingen 2013, 229–240). Da in Deutschland die katholische Kirche vor ähnlichen Zukunftsfragen wie die evangelische Kirche steht, können Überlegungen und Anregungen zur Zukunft der Kirche wechselseitig von Interesse sein. Grundsätzlich könnte man die Frage „Welche Zukunft hat die Kirche?" im Anschluss an Alfred Loisys Bonmot „Jesus verkündigte das Reich Gottes, gekommen ist die Kirche" (Carl-Friedrich Geier, Wahrheit und Absolutheit des Christentums – Geschichte und Utopie. „L'Évangile et L'Église" von Alfred F. Loisy in Text und Kontext, Göttingen 2010, 30) auf die ausgebliebene Wiederkunft Jesu im Urchristentum zurückführen: Die Kirche braucht die Zukunft. Denn die Kirche wäre im Fall der Wiederkunft Jesu vielleicht gar nicht oder kaum in ihrer heutigen Form entstanden. Umgekehrt galt aus der damaligen Sicht des christlichen Glaubens: Die Zukunft braucht die Kirche. Letzteres ist heute offenbar nach fast zweitausend Jahren Christentum in Europa fraglich geworden (vgl. dazu auch in diesem Band den Beitrag von Tom Kleffmann).

Waren im Jahr 1960 noch 94 % der Deutschen in der katholischen oder evangelischen Kirche, so sind es im Jahr 2020 nur noch 51 %.[2] Innerhalb von sechzig Jahren hat sich also der Anteil fast halbiert. Nachdem die Kirche über mehr als ein Jahrtausend im deutschsprachigen Bereich das Leben und die Kultur mitbestimmt hat, ist das ein entscheidender Einschnitt.[3] Die Zugehörigkeit zur Kirche wird auf diese Weise zunehmend zu einer Option[4], so dass der Fortbestand der Kirche in Deutschland verstärkt an Entscheidungen konkreter, einzelner Personen hängt.[5] Letztere richten diese Entscheidungen danach aus, ob die Kirche überzeugende Angebote zur individuellen Lebensgestaltung macht.[6] Hinzu kommt: Die Entkirchlichung der Gesellschaft in Deutschland lässt sich offenbar nicht mehr aufhalten oder auf einem gewissen Niveau der stetigen Austritte einbremsen; eher wird sie sich wohl noch beschleunigen. Entsprechende Prognosen und statistische Hochrechnungen, die dies nahelegen, stehen im

---

[2] Vgl. dazu übersichtlich und kompakt: Katharina Menne/ Wolfgang Thielmann/Pia Bublies, Nein und Amen, in: Die Zeit 30 vom 22.07.2021, 46.

[3] Vgl. ebd.

[4] Vgl. dazu auch: Hans Joas, Glaube als Option. Zukunftsmöglichkeiten des Christentums, Freiburg 2012.

[5] Vgl. zur Sache etwa: Kristian Fechtner, Späte Zeit der Volkskirche. Praktisch-theologische Erkundungen, Stuttgart 2010, 41; Gisbert Greshake, Kirche wohin? Ein real-utopischer Blick auf die Kirche der Zukunft, Freiburg/Basel/Wien 2020, 54–57. 199– 202; Udo Schnelle, Einführung in die Evangelische Theologie, Leipzig 2021, 38. 351–369. Vermutlich ist es sinnvoll bei der Diagnose der Optionsgesellschaft, sowohl die Unterschiede zwischen Stadt und Land als auch der jeweiligen Situation in Süddeutschland, Norddeutschland und Ostdeutschland im Blick zu behalten.

[6] Vgl. Uta Pohl-Patalong, Kirche gestalten. Wie die Zukunft gelingen kann, Gütersloh 2021, 31–34.

Raum.[7] Da die Kirche an der Altersentwicklung der deutschen Bevölkerung grundsätzlich nichts zu ändern vermag, kann die Kirche lediglich versuchen, diejenigen Kirchenaustritte, die über diese Bevölkerungsentwicklung hinausgehen, möglichst gering zu halten.[8]

Zu diesem Zweck werden in der evangelischen Kirche in Deutschland seit mindestens fünfzehn Jahren verschiedene Reformpapiere geschrieben.[9] Diese Papiere werden

---

[7] Vgl. für die evangelische Kirche: KIRCHENAMT DER EKD (Hg.), Kirche im Umbruch. Zwischen demografischem Wandel und nachlassender Kirchenverbundenheit. Eine langfristige Projektion der Kirchenmitglieder und des Kirchensteueraufkommens der Universität Freiburg in Verbindung mit der EKD, Hannover 2019.

[8] Vgl. zur Sache auch: ULRIKE WAGNER-RAU, In engeren Grenzen offenbleiben. Möglichkeiten der evangelischen Kirche, in: MALTE DOMINIK KRÜGER/CLAUS-DIETER OSTHÖVENER (Hg.), Potentiale und Grenzen evangelischer Theologie, Stuttgart 2021, 95–107, 97 f.

[9] Grundsätzlich gehört diese Entwicklung zu einer empirisch orientierten Wende, in der sich die veränderte Rolle der Kirche – von der Heilsinstitution zur Angebotsorganisation – spiegelt (vgl. zur Sache auch: HOLGER LUDWIG, Von der Institution zur Organisation. Eine grundbegriffliche Untersuchung zur Beschreibung der Sozialgestalt der Kirche in der neueren evangelischen Ekklesiologie, Leipzig 2010). So führt seit dem Jahr 1972 die Evangelische Kirche in Deutschland (EKD) alle zehn Jahre eine Untersuchung durch, in der wissenschaftlich die Sicht der Mitglieder auf ihre Kirche erhoben und ausgewertet wird (vgl. dazu auch: ISOLDE KARLE, Praktische Theologie, Leipzig 2020, 14–16). Angesichts des großen Veränderungsbedarfs veröffentlichte die EKD im Jahr 2006 ein Reformpapier „Kirche der Freiheit" (vgl. KIRCHENAMT DER EVANGELISCHEN KIRCHE IN DEUTSCHLAND [Hg.], Kirche der Freiheit. Perspektiven für die evangelische Kirche im 21. Jahrhundert. Ein Impulspapier des Rates der EKD, Hannover 2006). Die damit verbundenen Debatten beschäftigten mehrfach Synoden und führten zu einem „Zukunftskongress", einer „Zukunftswerkstatt" und einem „Zukunftsforum". Es ging rückblickend hierbei auch darum, den vom

kontrovers diskutiert. Zumindest gefühlt erscheinen sie und ihre Diskussionen in immer schnellerer Taktung. Damit drohen diese Reformpapiere, performativ ihren in-

---

Impulspapier ausgelösten Prozess, „*gremial* wieder einzufangen" (REINHARD MAWICK, Sommer der Debatte, in: Zeitzeichen vom 15.07.2020, https://zeitzeichen.net/node/8422, Zugriff am 20.08. 2021). Die EKD-Homepage zählt in diesem Kontext neben dem genannten Reformpapier über zwanzig Dokumentationen und Materialbände auf, welche die „Kirche im Aufbruch" betreffen (vgl. EVANGELISCHE KIRCHE IN DEUTSCHLAND, Dokumentation und Materialbände, https://www.kirche-im-aufbruch.ekd.de/reform prozess/publikationen/dokumentation_und_material.html, Zugriff am 20.08.2021). Angesichts dieses Aufwandes wirkt der journalistische Bericht im „Deutschlandradio" aus dem Jahr 2016 mit seiner Bilanz ernüchternd. Demnach ist das Reformprogramm des Papiers „Kirche der Freiheit" mit Taufquoten und Qualitätsmanagement, mit Top-Down-Strategie und Regionalisierung, mit Relativierung von Ortsgemeinden und Gemeindepfarrämtern nur bedingt erfolgreich gewesen. Ein hochrangiger Kirchenfunktionär wird mit den Worten zitiert, man wolle das Papier „Kirche der Freiheit" nicht wiederholen (vgl. MICHAEL HOLLENBACH, Mit viel Pathos falsche Ziele gesetzt?, https://www.deutschlandfunkkultur.de/ zehn-jahre-impulspapier-kirche-der-freiheit-mit-viel-pathos.1278. de.html?dram:article_id=358310, Zugriff am 20.08.2021). Verständlicherweise ging die Diskussion weiter, vielleicht auch gerade deswegen, weil man das Papier nicht wiederholen wollte. Im Reformationsjubiläumsjahr 2017 wurde von der EKD eine Arbeitsgruppe einberufen, die sich „Z-Team" („Z" wie Zukunft) nannte und im Jahr 2020 unter dem Motto „Kirche auf gutem Grund" (vgl. EVANGELISCHE KIRCHE IN DEUTSCHLAND, Kirche auf gutem Grund – Elf Leitsätze für eine aufgeschlossene Kirche, https://www.ekd. de/11-leitsaetze-fuer-eine-aufgeschlossene-kirche-56952.htm, Zugriff am 10.01.2021) vorlegte. Auch dieses Papier löste eine Diskussion aus. Mehr als fünfzehn Beiträge wurden in demselben Jahr noch gezählt (vgl. ANDREAS MERTIN, Ernsthaft: Leit-Sätze? Kursorische Anmerkungen, in: theomag 127 [2020], https://www.theomag.de/127/am708.htm, Zugriff am 20.08.2021). Dabei rief nicht nur der an eine US-amerikanische Actionserie der 1980er Jahre er-

haltlichen Grundsatzanspruch schon in ihrer formalen Präsentation zu unterlaufen: Zum einen sind ihre filigranen Fortschreibungen – von variierenden Grundsatzbehauptungen, die strittig sind, einmal abgesehen[10] – ohne größere Verständnisschwierigkeiten und auf Anhieb lediglich für den Kreis wirklich nachvollziehbar, der sich schon intensiver mit ihnen befasst hat. Es kommt so zu einer Art von Spezialwissen, das tendenziell an Gremien oder einem zeitaufwändigen Verfolgen des Fachdiskurses hängt. Und zum anderen untergräbt die Häufigkeit von fundamentalen Reformvorschlägen ungewollt deren Grundsätzlichkeit. Zugespitzt gesagt: Man kann nicht

---

innernde Name des publizierenden Gremiums („A-Team") und die sprachlich-ästhetische Gestalt einige Kritik hervor (vgl. ebd.). Vielmehr wurde auch sachlich die Vermischung von geistlichem und organisatorischem Aspekt sowie das Desinteresse an theologischer Fundierung beklagt. Auch die Abwertung der Ortsgemeinden und ihrer Pfarrerinnen und Pfarrer, die bis heute die finanzielle Basis der EKD und ihrer Leitungskreise sind, zugunsten eines neuen, zentralisierten Klerikalismus eben dieser Leitungskreise wurde kritisiert (vgl. so z.B. deutlich: Ulrich H.J. Körtner, Kirchenkrise auf Evangelisch, in: Die Furche 38 vom 17.09.2020, 10). Die Diskussion führte schließlich zu dem revidierten, erweiterten und im Jahr 2021 veröffentlichten Papier „Hinaus ins Weite – Kirche auf gutem Grund" (vgl. Evangelische Kirche in Deutschland, Hinaus ins Weite – Kirche auf gutem Grund. Zwölf Leitsätze zur Zukunft einer aufgeschlossenen Kirche, Hannover 2021). Diesem Papier wird zugutegehalten, dass es mehr auf theologische Substanz setzt, wenn nunmehr zum Beispiel die christliche Osterbotschaft und die Seelsorge berücksichtigt werden, aber es wird weiterhin das von einem menschlichen Aktivismus geprägte Kirchenbild kritisiert (vgl. etwa: Ulrich H.J. Körtner, Zwölf Leitsätze: Ende gut, alles gut?, in: Idea vom 31.10.2020, https://www.idea.de/kommentar/detail/ spektrum/zwoelf-leitsaetze-ende-gut-alles-guthtml, Zugriff am 20.08.2021; vgl. auch den Beitrag von Isolde Karle in diesem Band).

[10] Vgl. ebd.

alle paar Jahre das Rad neu erfinden; auch die Alternative, stetig ähnlich klingende Reformherausforderungen zu aktualisieren, muss damit rechnen, zunehmend auf freundliches Desinteresse zu stoßen. Was immer wieder als wichtig angesagt wird, droht mit der Zeit zu einem Hintergrundrauschen zu werden. Insofern ist es verständlich, dass viele Pfarrerinnen und Pfarrer vor Ort und viele andere kirchlich Aktive versuchen, ihre bisherige Arbeit möglichst unaufgeregt fortzusetzen, weil dies ihre gegenwärtige Realität darstellt.

Doch die Produktion solcher Reformpapiere und ihrer Diskussion verdankt sich nicht nur dem scheinbaren Widerspruch, dass selbst der Protest gegen diese Reformpapiere in deren Verarbeitung eingeht und somit den gegebenenfalls ungewollten Prozess befeuert. Vielmehr steht sachlich hinter der tendenziell panikartigen Reaktion eines sich immer schneller drehenden Hamsterrades von Reformdiskussionen die Befürchtung, die nicht einfach von der Hand zu weisen ist: Bei dem, was wir gerade erleben, könnte es sich nicht nur um eine derjenigen Krisen handeln, welche die Kirche in der Moderne immer wieder erschüttert haben, aber vorübergegangen sind, sondern die aktuelle Krise könnte etwas Neues sein, das sich vielleicht (!) mit dem Umbruch vergleichen lässt, den unter umgekehrten Vorzeichen die „konstantinische Wende" dargestellt hat.[11] Demnach wäre Deutschland innerhalb weniger Generationen ein weithin entkirchlichtes, post-kirchliches Land, in dem die christliche Botschaft zwar offenbar bekannt, aber relativ wirkungslos ist. Und darauf muss die Kirche – erst recht in ihren Leitungsäm-

---

[11] Vgl. dazu etwa: GISBERT GRESHAKE, Kirche wohin, 20f. Vgl. auch: UTA POHL-PATALONG, Kirche gestalten, 29–34.

tern – reagieren. Denn zum einen ist dies aus inhaltlichen Gründen notwendig: Wenn die Botschaft so gut ist, wie die Kirche öffentlich sagt, warum wird diese Botschaft immer belangloser? Darauf muss eine theologisch halbwegs plausible Antwort gefunden werden, auch wenn diese Antwort nach den finanziell bedingten Reformeinschnitten der Kirche lediglich inhaltlich nachgeschoben werden sollte.[12] Und zum anderen ist eine Reaktion der Kirche aus systemischen Gründen naheliegend, weil mit ihrer Krise ihr Selbsterhalt auf dem Spiel steht: Wie soll die Kirche mit ihrer Struktur, ihren Stellen und Gehältern – systemisch: möglichst unverändert[13] – fortbestehen, wenn sie immer mehr Mitglieder verliert? Darauf muss sie eine praktisch möglichst nachhaltige Antwort geben.

Das Problem ist, dass diese Antworten weder einfach vorliegen noch einfach zu erreichen sind. Denkbar ist zudem: Eine theologische Antwort auf die Frage nach der aktuellen Kraftlosigkeit des christlichen Gottesbildes könnte zu dem funktionalen Interesse der Kirche an ihrem möglichst unangetasteten Fortbestand in Spannung stehen. Dem kann und darf aber die theologische Wissen-

---

[12] Vgl. zur Relativierung theologischer Einsichten bei den kirchlichen Veränderungsprozessen: UTA POHL-PATALONG, Kirche gestalten, 23.

[13] Vgl. dazu etwa: PAUL WATZLAWICK, Management oder – Konstruktion von Wirklichkeiten, in: GILBERT J.B. PROBST/HANS SIEGWART (Hg.), Integriertes Management. Bausteine des systemorientierten Managements, Stuttgart 1985, 365–376, 366. Vgl. zur Einordnung der Systemtheorie auch: BRIGITTA KASPRZIK, Der Anspruch von Luhmanns Theorie und einige Probleme der Theorieanlage, in: MICHAEL WELKER (Hg.), Theologie und funktionale Systemtheorie. Luhmanns Religionssoziologie in theologischer Diskussion, Frankfurt a. M. 1985, 26–37.

schaft nicht ausweichen.[14] Zwar ist das Anliegen verständlich, das Thema „Zukunft der Kirche" vorrangig im Bereich statistischer Zahlen, zeitlicher Projektionen und praktischer Perspektiven zu verhandeln, um es fassen und „bearbeiten" zu können. Doch dies darf nicht gegen die genuin theologische Aufgabe ausgespielt werden, sich immer wieder fundamental Gedanken über den Ursprung, das Wesen und die Bestimmung der Kirche Jesu Christi zu machen.[15] Es muss hier auch nicht zwingend zu einem Widerspruch kommen. Denn dasjenige, was als Kirche sichtbar und erfahrbar ist, verdankt sich nach dem empirisch zu berücksichtigendem Selbstverständnis ihrer Mitglieder nicht allein der messbaren Welt, sondern überschreitet diese.[16] Die empirisch zu berücksichtigende Binnenperspektive geht also in ihrem Selbstverständnis gerade nicht im Empirischen auf.[17] Den entsprechenden Vollzug im

---

[14] Vgl. etwa scharfzüngig dazu: EBERHARD JÜNGEL, Zum Staunen geboren. Predigten VI, Stuttgart 2004, 59. Vgl. zum aktuellen praktisch-theologischen Diskussionsstand exemplarisch: SONJA BECKMAYER/CHRISTIAN MULIA (Hg.), Volkskirche in postsäkularer Zeit. Erkundungsgänge und theologische Perspektiven, Stuttgart 2021.

[15] Vgl. zur Notwendigkeit einer systematisch-theologischen Besinnung auf die Kirche auch: HANS-PETER GROSSHANS, Die Kirche – irdischer Raum der Wahrheit des Evangeliums, Leipzig 2003, 1 f.

[16] Vgl. dazu klassisch, dass das eschatologische Selbstverständnis die Kirche ursprünglich prägt: RUDOLF BULTMANN, Theologie des Neuen Testaments, Tübingen ³1958, 448. Vgl. dazu zeitgenössisch die interessante Überlegung, dass der Widerstand der Kirchen im Dritten Reich nicht an deren Selbstverständnis vorbei und allein politisch gefasst werden kann: HEINZ HÜRTEN, Zehn Thesen eines profanen Historikers zur Diskussion um den Widerstand der Kirchen in der nationalsozialistischen Zeit, in: Kirchliche Zeitgeschichte 1 (1988), 116–117.

[17] Empirisch lässt sich belegen, dass Kirchenmitglieder insbeson-

diesseitigen Leben von Transzendenz bzw. „Jenseits" nennt man christlich in der Regel „Glaube" und seinen Inhalt „Gott".[18] Darüber denkt die theologische Wissenschaft konstruktiv-kritisch nach. Entsprechend geht sie nicht in der soziologisch bestimmten Analyse eines in eine messbare Zukunft projizierten Ist-Zustandes auf. Theologische Deutung und soziologische Analyse sind weder einfach gleichzusetzen noch völlig zu trennen, sondern grenzdialektisch aufeinander zu beziehen, und zwar innerhalb und außerhalb der theologischen Wissenschaft.

Zieht man eine Bilanz des Bisherigen, kann man meines Erachtens sagen: Angesichts der Frage „Welche Zukunft hat die Kirche?" kristallisieren sich mindestens drei Spannungsfelder heraus, die eng miteinander verbunden sind, aber nicht einfach ineinander aufgehen. So gibt es erstens das Spannungsfeld zwischen institutionalisierter Kirche und individueller Option; zweitens das Spannungsfeld zwischen soziologischer Analyse und theologischer Deutung; sowie drittens das Spannungsfeld zwischen diesseitigem Vollzug und transzendenter Orientierung. Fragen wir im Rahmen einer *Bultmann-Lecture* nun danach, ob die Theologie Rudolf Bultmanns zur Bearbeitung dieser Spannungsfelder möglicherweise Perspektiven bietet.[19]

---

dere genuin religiös motiviert sind (vgl. CHRISTHARD EBERT/ HANS-HERMANN POMPE [Hg.], Handbuch Kirche und Regionalentwicklung. Region – Kooperation – Mission, Leipzig 2014, 279).

[18] Dies schließt nicht das direkte oder unbewusste Zusammenspiel mit anderen Motivationen aus, wenn etwa Theologiestudierende besonders ein soziales Interesse haben (vgl. MAXIMILIAN BADEN, Eine Entscheidung fürs Leben. Ausgewählte Ergebnisse einer Befragung zur Studienmotivation am Beginn des Theologiestudiums, in: Praktische Theologie 55 [2020], 167–175, bes. 169f.).

[19] Vgl. zur Notwendigkeit einer positiven Zukunftsvision und der Rede von der Bildlichkeit in diesem Band auch den Beitrag von

2 Was versteht Bultmann unter Kirche?

Interessanterweise ist es ein Werk katholischer Theologie, das davor warnt, Bultmanns Kirchenverständnis zu übergehen.[20] Doch diese Warnung, die der später in Nijmegen lehrende Systematiker Hermann Häring schon in seiner Studie „Kirche und Kerygma. Das Kirchenbild in der Bultmannschule" aus dem Jahr 1972 ausgesprochen hatte, wurde nicht wirklich gehört. Dabei ist Häring weit davon entfernt, Bultmanns Kirchenverständnis zu verklären.[21] Wenn man von heute auf Bultmanns Kirchenverständnis schaut, dann fällt auf, dass man dieses auf die genannten Spannungsverhältnisse beziehen kann.[22]

Beate Hofmann. Und: Wenn man heute noch meint, z.B. mit Dietrich Bonhoeffer oder Paul Tillich Theologie treiben zu können, sollte auch ein Versuch mit Rudolf Bultmann möglich sein.

[20] Vgl. HERMANN HÄRING, Kirche und Kerygma. Das Kirchenbild in der Bultmannschule, Freiburg/Basel/Wien 1972, 11–23.

[21] Vgl. HERMANN HÄRING, Kirche und Kerygma, 92–108.

[22] Eine solche Anknüpfung an Bultmanns Theologie kann man aktuell schon im Ansatz mit mindestens zwei Gegeneinwänden konfrontieren. *Erstens* kann man gegen die Rede von der Verkündigung und eine „Kerygmatheologie" anführen, dass man heute lieber von der „Kommunikation des Evangeliums" spricht. *Zweitens* kann man darauf verweisen, dass Bultmanns Ansichten bibelwissenschaftlich überholt und insofern auch nicht mehr zu beachten sind. Beide Einwände sind bedenkenswert, rufen allerdings ihrerseits Rückfragen hervor. Die Diskussion müsste ausführlich geführt werden. Es seien an dieser Stelle nur Hinweise notiert.
Zum ersten Einwand ist anzumerken, dass hinter den verschiedenen Konzepten von der „Kommunikation des Evangeliums" offenbar vor allem das Motiv steht, mit dem Begriff der Kommunikation die Weitergabe des christlichen Glaubens unter den Beteiligten als „gleichberechtigt" (UTA POHL-PATALONG, Kirche gestalten, 17) und „ergebnisoffen" (vgl. CHRISTIAN GRETHLEIN, Praktische Theologie, Berlin/Boston 2012, 143–170, bes. 144 f.) zu beschreiben (vgl. zur

Doch blicken wir zunächst auf Bultmanns grundsätzli-
che Antwort auf die Frage: „Was ist Kirche?" Sie ist ein-

Diskussion auch: Michael Domsgen/Bernd Schröder [Hg.],
Kommunikation des Evangeliums. Leitbegriff der Praktischen
Theologie, Leipzig 2014). Kulturell und vor allem medial leuchtet
dieses Motiv besonders in den westlichen Industriestaaten mit ihren
spätmodernen Demokratien ein. Hier hat der Kommunikationsbe-
griff offenbar seine Berechtigung. Allerdings darf selbst in diesem
Kontext das Ideal des symmetrischen Diskurses nicht überzogen
werden. Sieht man einmal davon ab, dass jede Kommunikation ein
kulturelles Hintergrundwissen einschließt, das sich nur eingeschränkt in die Kommunikation aufheben lässt, so geht es theologisch, zugespitzt gesagt, am Ende nicht um eine „Kommunikation
der Kommunikation", sondern um eine „Kommunikation des Evangeliums". Dass das Verständnis dieses Evangeliums in jeder Generation im Glauben neu angeeignet und theologisch neu erarbeitet werden muss, bedeutet zwar eine Unabschließbarkeit christlicher und
theologischer Kommunikation. Aber gerade darin dokumentiert
sich auch das Ringen um das angemessene Verständnis des gemeinsamen Grundimpulses, wie es mit der Gestalt Jesu verbunden ist (vgl.
so auch: Christian Grethlein, Praktische Theologie, 157). Dann
aber scheint der Unterschied der Rede von der „Verkündigung" zur
Rede von der „Kommunikation" zumindest an diesem Punkt gerin-
ger, als man meinen könnte. Die inhaltliche Orientierung wandert
bei der Rede von der „Kommunikation des Evangeliums" – anders
als bei der Rede von der „Verkündigung des Evangeliums" – offenbar
gänzlich in den Begriff des Evangeliums ein. Das mag zwar kom-
munikativ und kommunikationstheoretisch ein Gewinn sein; im
Gegenzug könnte man aber auch fragen, ob die Rede von der „Verkündigung" nicht deswegen sinnvoll ist, weil sie von Beginn an re-
chenschaftsfähig offenlegen möchte, dass die Christusbotschaft erschlossen werden soll. Diese Transparenz der Kerygmatheologie ist
bemerkenswert, wenn in manchen Konzeptionen der „Kommunikation des Evangeliums" nicht nur das Inhaltliche ganz ins „Evangelium" einwandert, sondern darin christologisch deutlich massiver
präsentiert wird, als es bei Bultmann der Fall ist. Meines Erachtens
sprechen diese Beobachtungen dafür, sowohl den Begriff der „Kommunikation" als auch den der „Verkündigung" im Spiel zu halten, so

fach und gehaltvoll. In der Kirche ist Gott da, so Bultmann; dabei ist in der kirchlichen Verkündigung der

dass Bultmanns Theologie in dieser Hinsicht beachtenswert bleibt.
Dies gilt recht dann, wenn man mit der Hermeneutischen Theologie
über Bultmann hinaus die Verkündigung über die „bloße" Sprach-
lichkeit hin zu einer multimedialen und bilddominierten Kultur
öffnet (vgl. dazu den dritten Teil und Schluss dieses Beitrags). Zu
überlegen wäre, ob unter neuen, aktuell medienwissenschaftlichen
Prämissen (vgl. SYBILLE KRÄMER, Medium, Bote, Übertragung.
Kleine Metaphysik der Medialität, Frankfurt a.M. 2008, 223–260)
nicht wieder die alte Figur des „Zeugen" bzw. der „Zeugenschaft"
wiederentdeckt werden könnte (vgl. dazu auch auf katholischer Seite unter Aufnahme des Bildbegriffs: HANSJÜRGEN VERWEYEN,
Mensch sein neu buchstabieren. Vom Nutzen der philosophischen
und historischen Kritik für den Glauben, Regensburg 2016, 142–
147). Auch der Vorschlag (aus der „Theologischen Kammer" der
Evangelischen Kirchen von Kurhessen-Waldeck), die Wendung
„Kommunikation des Evangeliums" in die Wendung „Evangelium
teilen" zu übersetzen, erscheint interessant und perspektivenreich.
  Zum zweiten Einwand kann man anmerken: Sicher sind viele
Einsichten Bultmanns bibelwissenschaftlich überholt. Doch einerseits verdient Bultmann sachliche Beachtung, wenn das Werden
heutiger Einsichten der neutestamentlichen Bibelwissenschaften
forschungsgeschichtlich nicht völlig an ihm vorbei möglich ist. Und
andererseits sind Bultmanns theologische Einsichten häufig nicht
einfach einseitig in der Auslegung von Bibelstellen fundiert, sondern führen zur Einsicht in das Wechselspiel von Hermeneutik und
Bibelauslegung, von methodischen Anleihen und inhaltlichen As-
pekten. Dann aber ist es möglich, dass Bultmanns Theologie darin
exemplarisch interessant ist. Zudem wird man in der an Zyklen des
Aufs und Abs reichen Theologiegeschichte abwarten müssen, ob
Bultmanns Bibelauslegung material unter veränderten Vorzeichen
noch einmal wieder aufgenommen wird. Diese Einschätzung ist der
wissenschaftstheoretisch diskutablen Annahme geschuldet, dass
der Erkenntnisfortschritt in der Theologie anders als in den Natur-
wissenschaften verläuft. Zu Bultmanns Theologie passt jedenfalls
die wissenschaftstheoretische Einschätzung, dass der vermeintlich
unbegrenzte Fortschritt der wissenschaftlichen Vergegenständlichung nie zum Zustand völliger Bestimmtheit führt.

lebendige Jesus Christus anzutreffen.[23] Die Kirche ist also nicht bloß eine Gemeinschaft, in der man sich mithilfe menschlicher Übereinstimmung an einen unabhängig davon existierenden Gott erinnert, der sich im historischen Jesus geoffenbart hat.[24] Vielmehr ist die Kirche für Bultmann der endzeitliche, eschatologische Lebensraum des christlichen Glaubens, in dem Jesus Christus wahrhaft existiert und wirkt, so dass die Kirche ins Heilsgeschehen Gottes hineingehört.[25] Indem die Kirche die christliche

---

[23] Vgl. dazu und zum Folgenden grundlegend: HERMANN HÄRING, Kirche und Kerygma, 11–108.

[24] Vgl. zu einem orientierenden Überblick der historischen Positionen und systematischen Probleme in der Ekklesiologie: ULRICH KÜHN, Kirche, Gütersloh 1980; RALF MIGGELBRINK, Einführung in die Lehre von der Kirche, Darmstadt 2003; GUNTHER WENZ, Kirche. Perspektiven reformatorischer Ekklesiologie in ökumenischer Absicht, Göttingen 2005.

[25] So hebt es Bultmann ausdrücklich hervor: „Wenn es nun so ist, daß das Kerygma Jesus als den Christus, als das eschatologische Ereignis verkündet, wenn es beansprucht, daß in ihm Christus präsent ist, so hat es sich an die Stelle des historischen Jesus gesetzt; es vertritt ihn. Dann gibt es keinen Glauben an Christus, der nicht zugleich Glaube an die Kirche als Trägerin des Kerygmas wäre, d. h. in der dogmatischen Terminologie: an den Heiligen Geist. Aber der Glaube an die Kirche ist zugleich Glaube an Jesus Christus, den der historische Jesus nicht gefordert hat. Diesen Glauben gibt es erst jetzt, und erst jetzt können Tod und Auferstehung Jesu als Heilsereignisse verkündigt werden, mit denen der neue Äon begonnen hat. Damit ist dann auch die Möglichkeit der *Wiederholung* gegeben, die kerygmatische Erzählung der synoptischen Evangelien, die nicht Reproduktion einer vergangenen Historie ist, sondern eine eigentümliche Vergegenwärtigung des Vergangenen, das nun im Lichte des Christus-Kerygmas neu gesehen wird. ... der Glaube an die Kirche als Trägerin des Kerygmas ist der Osterglaube, der eben in dem Glauben besteht, daß im Kerygma Jesus Christus präsent ist. Mehrfach und meist als Kritik wird gesagt, daß nach meiner Interpretation des Kerygmas Jesus ins Kerygma auferstanden sei. Ich akzeptiere

Verkündigung trägt und vollzieht, erscheint in ihr der Heilige Geist.[26] Daher kann Bultmann den Glauben an den österlichen, den auferstandenen Jesus Christus sogar mit dem Glauben an die Kirche gleichsetzen.[27]

Hiermit sind drei basale Überzeugungen Bultmanns verflochten. Danach verwirklicht sich erstens das Ostergeschehen im Glauben des heute lebenden Menschen[28], so dass aktuell gilt: Der Tod ist besiegt. Dabei bedeutet für Bultmann die radikale Offenheit für Gottes gegenwärtige Zukunft in Jesus Christus, auf alle Hoffnungsbilder zu verzichten.[29] Zweitens schließt der christliche Glaube ein, dass der einzelne Mensch dadurch ein neues Selbstverständnis erhält und darin Gott erschlossen ist; so ist jedem

---

diesen Satz. Er ist völlig richtig, vorausgesetzt, daß er richtig verstanden wird. Er setzt voraus, daß das Kerygma selbst eschatologisches Geschehen ist; und er besagt, daß Jesus im Kerygma wirklich gegenwärtig ist, daß es *sein* Wort ist, das den Hörer im Kerygma trifft" (Rudolf Bultmann, Exegetica. Aufsätze zur Erforschung des Neuen Testaments, ausgew., eingel. u. hg. v. Erich Dinkler, Tübingen 1967, 468 f.; vgl. auch: Rudolf Bultmann, Das Evangelium des Johannes, Göttingen ²¹1986, 397). Insofern gehört die Kirche selbst *„zum eschatologischen Geschehen"* (Rudolf Bultmann, Neues Testament und Mythologie. Das Problem der Entmythologisierung der neutestamentlichen Verkündigung, ND der 1941 erschienenen Fassung hg. v. Eberhard Jüngel, München 1985, 63). Zwar gibt es ohne die Verkündigung keine Kirche, doch auch umgekehrt gilt, dass es ohne die Kirche keine Verkündigung gibt: Die *„Kirche wird durch dies Kerygma konstituiert … und umgekehrt* [wird] *das Wort durch die Kirche konstituiert"* (Rudolf Bultmann, Glauben und Verstehen. Gesammelte Aufsätze, Bd. I, Tübingen ⁴1961, 180 f.).

[26] Vgl. Rudolf Bultmann, Exegetica, 468 f.

[27] Vgl. ebd.

[28] Vgl. z. B. ebd.

[29] Vgl. Rudolf Bultmann, Glauben und Verstehen. Gesammelte Aufsätze, Bd. III, Tübingen 1960, 81–90, bes. 90.

Versuch, die Realität Gottes in dessen Vergegenständlichung erkennbar zu sichern, eine Grenze gesetzt.[30] Und

---

[30] Vgl. z. B. Rudolf Bultmann, Glauben und Verstehen I, 26–
37. Bultmann kann den Selbstentzug des Glaubenden, der sich angesichts von Gottes Offenbarung ereignet und bei dem der Glaubende
einerseits in die Dunkelheit des Unverfügbaren und in das Licht des
Verstehens gestellt wird, auch mit Dunkelheit und Licht umschrei-
ben: „[D]er Mensch weiß sich von ‚Gott‘ abhängig als von der merk-
würdigen Macht, die ihn zugleich ins Dunkel und ins Licht stellt.
Ins Dunkel: denn sie entzieht die Welt und ihn selbst seiner Verfügung; ins Licht: denn diese Macht ist in gewisser Weise verständlich,
weil der Mensch sich selbst so verständlich ist und ihm Licht auf das
fällt, was er tun soll. Deshalb nennt er diese Macht ‚Gottes Wort‘;
Gottes Wort, weil es das Wort der über ihm stehenden dunklen
Macht ist, der er sich preisgegeben weiß; Gottes *Wort*, weil ihm diese Macht nicht schlechthin unverständlich ist, sondern ihm etwas
‚sagt‘, – nämlich über ihn selbst" (Rudolf Bultmann, Glauben
und Verstehen I, 122). Beachtet man, dass bei Bultmann die Kirche
der Lebensraum dieses Glaubens ist, so erinnert dies an einen Hell-
Dunkel-Vergleich aus der Theologie der Kirchenväter. Sie sagen in
unterschiedlichen Sprachbildern (vgl. dazu und zum Folgenden:
Hugo Rahner, Symbole der Kirche. Die Ekklesiologie der Väter,
Salzburg 1964, 91–173) ihrer „Bildtheologie" (Hugo Rahner,
Symbole der Kirche, 8): Die Kirche ist wie der Mond, nämlich dunkel und licht zugleich. Dunkel ist die Kirche, wenn man an ihr wahrnimmt, was sie aus sich selbst heraus ist. Dann ist die Kirche ist un-
scheinbar, geistlos. Doch die Kirche ist auch hell. Das ist der Fall,
wenn die Kirche das Licht weitergibt, das sie selbst empfängt. Bei
dem Mond stammt dieses Licht von der Sonne. Bei der Kirche
stammt es von Gott. Die Kirche ist daher eigentlich Kirche, wenn sie
zeigt, was sie präzise selbst nicht ist, nämlich Gottes Licht (vgl. zu
diesem Negationsmoment, das mit der Urbild-Abbild-Teilhabes-
truktur und damit der Bildlichkeit der Kirche zusammenhängt:
Hugo Rahner, Symbole der Kirche, 93). Aber dazu bedarf es eben
auch der Selbstverneinung der Kirche, so wie das Licht des Mondes
dessen Gestein benötigt. Genau dies kommt offenbar bei Joseph
Ratzinger zu kurz, der auch diesen Vergleich mit dem Mond über-
nimmt (vgl. Thorsten Maassen, Das Ökumeneverständnis Joseph

drittens führt das Verstehen des christlichen Glaubens zur Ausbildung einer (selbst-) reflexiven Theologie, die nicht nur aus dem Lebensvollzug des Glaubens kommt, sondern nach dessen Läuterung auch diesem Glauben dient.[31] Unter den Schlagworten der „präsentischen Eschatologie" und des „historischen Jesus", der „Entmythologisierung", der „existentialen Interpretation" und von „Glauben und Verstehen" sind mit diesen Überzeugungen Bultmanns klassische und aktuelle Grundsatzdebatten der Theologie verbunden.[32]

Für das Verständnis von Bultmanns Theologie und Kirchenbild ist entscheidend, dass eine paradoxe Identität im Zentrum steht.[33] Wer aufgrund der kirchlichen Ver-

---

Ratzingers, Göttingen 2011, 311 f. m. Anm. 499): Führt dieser Vergleich der sich in ihrer konkreten Selbstverneinung realisierenden Kirche nicht zur „ecclesia peccatrix", die eben – gegen Ratzingers spätere Intentionen – auf die Kirche als Ganzes bezogen werden muss (vgl. zur Sache: Maximilian Heinrich Heim, Joseph Ratzinger – Kirchliche Existenz und existenzielle Theologie. Ekklesiologische Grundlinien unter dem Anspruch von „Lumen gentium", Frankfurt a. M./Berlin/Bern/Brüssel/New York/Oxford/ Wien, [2]2005, 383–397)? Evangelisch wäre es meines Erachtens eine Pointe, die Heiligkeit der Kirche im Eingeständnis ihres sündigen Wesens zu entdecken, so dass darin ihre Selbstnegation und Bildstruktur zur Geltung kommt, die Gott indirekt erscheinen lässt. Darüber scheint mir ein Gespräch mit der aktuellen katholischen Ekklesiologie gut möglich.
[31] Vgl. Rudolf Bultmann, Glauben und Verstehen I, 153–187; Rudolf Bultmann, Theologische Enzyklopädie, Tübingen 1984, 159–170. Vgl. zur Sache bei Bultmann ebenso: Hans-Peter Grosshans, Bultmann und die Kirche, in: Christof Landmesser (Hg.), Bultmann-Handbuch, Tübingen 2017, 150–155.
[32] Vgl. orientierend zu dem Diskussionsstand: Konrad Hammann, Rudolf Bultmann, Eine Biographie, Tübingen [3]2012; Christof Landmesser (Hg.), Bultmann-Handbuch, Tübingen 2017.
[33] Vgl. zur „paradoxen Identität" als Signum der Theologie Bult-

kündigung im Glauben an Gott den lebendigen Jesus Christus realisiert, dem erschließt sich ein neues Selbstverständnis, in dem gerade der Verzicht darauf, sein eigener Herr sein zu wollen, zu neuer und wahrer Freiheit in der Welt führt.[34] Der einzelne Glaubende weiß sich inmitten seines gewohnten Lebens endzeitlich bzw. eschatologisch erlöst, so dass er in seiner alten Welt neu leben kann. Er sieht die alte Welt mit neuen Augen und realisiert zuvor nicht erschlossene Möglichkeiten.[35] Dies geschieht, wenn das Gotteswort in der menschlichen Selbstpreisgabe bzw. Selbstverneinung des Glaubens wirklich wird. Der Glaube hat in dieser Selbstverneinung bzw. Selbstdurchstreichung teil an dem Gott, auf den er sich damit bezieht.[36] Aufgrund dieses internen Realismus ist Gott für den Menschen nicht unabhängig vom Glauben zu erreichen.[37]

---

manns in Abgrenzung zur „Analogie" als Signum der Theologie Karl Barths: EBERHARD JÜNGEL, Gottes Sein ist im Werden. Verantwortliche Rede vom Sein Gottes bei Karl Barth. Eine Paraphrase, Tübingen ⁴1986, 71–73. Vgl. zum Paradox bei Bultmann eindringlich: RUDOLF BULTMANN, Das Evangelium des Johannes, 38–57.

[34] Vgl. zu dieser und folgenden Bultmann-Deutung auch: CHRISTOPH HERBST, Freiheit aus Glauben. Studien zum Verständnis eines soteriologischen Leitmotivs bei Wilhelm Herrmann, Rudolf Bultmann und Eberhard Jüngel, Berlin/Boston 2012, 235–275.

[35] Vgl. ebd.

[36] Vgl. dazu auch: JÖRG DIERKEN, Glaube und Lehre im modernen Protestantismus. Studien zum Verhältnis von religiösem Vollzug und theologischer Bestimmtheit bei Barth und Bultmann sowie Hegel und Schleiermacher, Tübingen 1996, 166–193.

[37] Vgl. ebd. Vgl. auch exemplarisch zur Diskussion der paradoxen Figur des „Ich bin es nicht", in der sich der Glaube realisiert: EBERHARD JÜNGEL, Gott als Geheimnis der Welt. Zur Begründung der Theologie des Gekreuzigten im Streit zwischen Theismus und Atheismus, Tübingen ⁴1982, 227–248; HANS-MARTIN GUTMANN, Ich bin's nicht. Die Praktische Theologie vor der Frage nach dem Subjekt des Glaubens, Neukirchen/Wuppertal 1999.

Dabei schließt für Bultmann diese individuelle Realisierung des Glaubens eine individualistische Selbstfixierung aus. Der Glaubende lebt nämlich als getaufter Mensch in der Kirche, ist er doch Mitglied des neuen Gottesvolkes.[38] Und die Kirche hat selbst teil an der paradoxen Identität. So ist die Kirche zugleich sichtbar und unsichtbar, diesseitig und jenseitig, aktuell und eschatologisch.[39] Bultmann kann sogar sagen, dass sich in der Kirche die paradoxe Identität des Christusereignisses selbst vollzieht.[40] Hierbei ordnet Bultmann die Gesamtkirche der Ortsgemeinde vor.[41] Und er warnt davor, die Kirche mit einem soziologischen Phänomen gleichzusetzen[42], so sehr historisch zur Kirche notwendigerweise soziologisch erfassbare Ordnungen gehören.[43]

Insgesamt mögen diese Einsichten Bultmanns überraschen, klingen sie doch – entgegen der selbst evangelisch immer wieder massiv in Frage stehenden Kirchlichkeit von Bultmann[44] – teilweise fast katholisch und wirken

---

[38] Vgl. RUDOLF BULTMANN, Theologie des Neuen Testaments, 311–315; RUDOLF BULTMANN, Jesus, Tübingen ³1951, 43.

[39] Vgl. RUDOLF BULTMANN, Theologie des Neuen Testaments, 309–311. 443–445; RUDOLF BULTMANN, Das Evangelium des Johannes, 382. 392–397.

[40] Vgl. RUDOLF BULTMANN, Theologie des Neuen Testaments, 309; RUDOLF BULTMANN, Exegetica, 468 f.

[41] Vgl. RUDOLF BULTMANN, Theologie des Neuen Testaments, 94–97. 309–311.

[42] Vgl. RUDOLF BULTMANN, Glauben und Verstehen I, 293. 333.

[43] Vgl. RUDOLF BULTMANN, Theologie des Neuen Testaments, 447 f.

[44] Innertheologisch und amtskirchlich war Bultmanns Theologie einerseits kontroverser Diskussion und andererseits heftiger Polemik ausgesetzt. Die kontroverse Diskussion begrüßte Bultmann; die heftige Polemik, die häufig auf der Unkenntnis von Bultmanns Schriften beruhte und gern vermeintliche Heilsgewissheiten ins

ökumenisch anschlussfähig.[45] Können diese Einsichten
uns vielleicht sogar in der aktuellen Kirchenkrise zum
Weiterdenken inspirieren? Schließlich war es ein Grund-
anliegen von Bultmanns Theologie, die Kirche vor einem
Traditionalismus zu bewahren, der sie um ihre Zukunft
bringt.[46] Einen Versuch wäre es wert. Meines Erachtens
stechen drei dialektische Überlegungen bei Bultmann
hervor, die zu den oben genannten Spannungsfeldern passen und sich aus dem geschilderten Kirchenbild Bultmanns ergeben.

Die *erste dialektische Überlegung*, die bei Bultmanns
Kirchenverständnis auffällt, ist diejenige *zwischen Innerlichkeit und Kirchlichkeit*. So kann Bultmann die Kirche
so hochschätzen, weil er sie in den innerlichen Glaubensvollzug hineinnimmt, in dessen menschlicher Selbstverneinung sich wiederum das Gotteswort realisiert: Die
Kirche ist ein notwendiges Moment des Glaubens.[47] Dabei

Feld führte, traf ihn teilweise auch persönlich. Denn nicht nur als
Glaubender und Theologe, sondern auch als Prediger fühlte sich
Bultmann seiner Kirche verbunden. Im Jahr 1972 entschuldigte sich
der damalige Landesbischof Eduard Lohse für die lutherische Bi-
schofskonferenz in Marburg bei Bultmann für die menschlich und
theologisch teils beschämenden Vorgänge. Dafür war Bultmann
dankbar (vgl. Konrad Hammann, Rudolf Bultmann, 307–330.
421–432, bes. 432).

[45] Vgl. Hermann Häring, Kirche und Kerygma, 33. 97f.
[46] Vgl. Konrad Hammann, Rudolf Bultmann, 62f.
[47] Ob Bultmann damit, dass er das Wort Gottes in der Tat des
menschlichen Glaubens realisiert weiß, die Offenbarung unzulässig
und menschlich relativiert, wie man barthianisch meint, kann man
hinterfragen. Eher dürfte Bultmann die Offenbarung so unglaub-
lich eingeschärft haben (vgl. Hermann Häring, Kirche und
Kerygma, 14f.). Die Frage ist theologisch meines Erachtens, ob
Bultmann hinreichend die konstruktive Kraft der Negation im
Glauben in den Blick nimmt (vgl. zur Sache auch: Jörg Dierken,

wehrt sich Bultmann faktisch dagegen, dass die Kirche zur Chiffre einer lediglich individualistischen Glaubensaneignung wird. Denn Bultmann hebt zwar hervor, dass der Glaube den einzelnen Menschen vor Gott führt und in der Entscheidungstat des Menschen wirklich wird. Doch zugleich gilt nach Bultmann: Der Glaubende ist als Mensch immer in eine Sozialstruktur eingebunden und wird im Glauben in das neue Gottesvolk der Kirche hineingerufen. Gerade durch die Vereinzelung, dass man im Glauben vor Gott gestellt ist, kommt es zu der Gemeinschaft der Kirche. Insofern ist nicht nur Kirche ein notwendiges Moment des Glaubens, sondern der Glaube ist auch ein notwendiges Moment der Kirche; in seiner Kirchlichkeit kommt der Glaube gewissermaßen zu sich selbst. Eine einseitig individualistische Lesart Bultmanns wird außerdem durch die Vorordnung der Gesamtkirche vor der Einzelgemeinde eingeschränkt; nicht nur einer individualistischen, sondern sogar einer lokalen, gleichsam ortsindividuellen Selbstgenügsamkeit ist so eine Grenze gesetzt. Ob und inwiefern diese Dialektik von Innerlichkeit und Kirchlichkeit bei Bultmann zu Ende gedacht ist, darüber wird man zu Recht streiten können.[48] Hermann Häring kann sich in seiner schon genannten Studie „Kir-

---

Glaube und Lehre im modernen Protestantismus, 166–193). Das würde gegebenenfalls auch auf Bultmanns Verhältnis zur Anschaulichkeit bzw. Bildlichkeit (im Sinn von Teilhabe) ein neues Licht werfen (vgl. zur Sache auch: UDO SCHNELLE, Einführung in die Evangelische Theologie, 85).

[48] Vgl. kritisch und abwägend dazu: HERMANN HÄRING, Kirche und Kerygma, 76–86. Häring kommt zu dem Ergebnis, dass Bultmann „extreme Individuation und unüberholbare Kirchlichkeit" (HERMANN HÄRING, Kirche und Kerygma, 77) zusammendenkt: *„Kirche ereignet sich als Selbstverständnis aus Gott"* (HERMANN HÄRING, Kirche und Kerygma, 85).

che und Kerygma" trotz aller relativierenden Überlegungen Bultmanns nicht des Eindrucks erwehren, dass dessen Kirchenbild tendenziell zu aktualistisch und zu wenig gemeinschaftlich gedacht ist.[49] Das ist sicher nicht von der Hand zu weisen, doch gerade heute könnte in einer bestimmten Hinsicht die Verankerung hoher Kirchlichkeit im individuellen Glaubensvollzug interessant sein. Wir werden darauf zurückkommen.

Die *zweite dialektische Überlegung*, die in Bultmanns Kirchenverständnis meines Erachtens eine wichtige Rolle spielt, ist diejenige *zwischen Soziologie und Theologie*. Auf der einen Seite erkennt Bultmann die Soziologie an, insofern die Kirche als menschliche Organisation sozial fassbare Ordnungen ausbildet; und diese Struktur gehört nach Bultmann zur Kirche. Doch auf der anderen Seite wird diese Struktur bei Bultmann auch stark eingeschränkt. So ist die wahre Sichtbarkeit der Kirche nicht die äußerlich mit den Augen der Empirie erfassbare Realität, sondern die, welche der Glaube sieht. Denn die sichtbare Kirche ist ein Ergebnis des unsichtbaren Glaubens, so dass letztlich die wahre Sichtbarkeit der Kirche in deren unsichtbarem Glauben besteht. An dieser Stelle ist der Abstand Bultmanns zur theologischen Gegenwart vielleicht am größten. Denn er bezieht die Soziologie grundsätzlich bewusst mit ein, ohne sie konkreter wahrzunehmen, um sie dann schließlich mehr oder weniger auszuschließen. Insbesondere Dorothee Sölle hat in ihrer Schrift „Politische Theologie. Auseinandersetzung mit Rudolf Bultmann" aus dem Jahr 1971 dieses Problem zu Recht aufgegriffen, wenngleich auf eine Art, die ihrerseits

---

viele Rückfragen aufwirft.[50] Doch heute könnte Bultmanns einseitige Betonung des genuin Theologischen
vielleicht eine heilsame Provokation sein, wenn es um die
Erwartungen der Kirche geht, mithilfe soziologisch be-
stimmter Erhebungen, die Zukunft zu meistern. Wir werden darauf zurückkommen.

   Die *dritte dialektische Überlegung*, die bei den anderen
beiden mitschwingt, ist diejenige *zwischen Diesseits und
Jenseits*. Bultmann rückt die Eschatologie, das Endzeitliche, das Jenseitige in den theologischen Mittelpunkt und
legt dies stark gegenwartsbezogen aus: Christlicher Glaube ist aktuell Heilsansage für die Glaubenden; die Ewigkeit ist schon da. Die Christologie wird so in die Gegenwart des Glaubens hineingeholt und radikale Bildlosigkeit
als dessen Realisierung verstanden. Dies geht wiederum
in Bultmanns Kirchenverständnis ein, wenn die Kirche in
diesem eschatologischen Glauben ihren Ort wie umgekehrt der eschatologische Glaube in der Kirche seinen Ort
haben. Hier stellen sich mindestens zwei Probleme, welche die Diskussion über Bultmanns Theologie bis heute
mitbestimmen. Erstens: Wie verhält sich bei Bultmann die
Zukunft, die in die Glaubensgegenwart aufgehoben ist, zu
der „normalen" Zukunft, in der sich die Weltzeit vollzieht? Und zweitens: Gibt es dann für den Glaubenden ein
Leben nach dem Tod? Michael Dorhs hat in seiner Studie
„Über den Tod hinaus. Grundzüge einer Individualeschatologie in der Theologie Rudolf Bultmanns" aus dem

---

[50] Vgl. Dorothee Sölle, Politische Theologie. Auseinandersetzung mit Rudolf Bultmann, Stuttgart 1971. Vgl. zur Kritik an Sölles
plakativem Umgang mit dem Gottesbegriff: Eberhard Jüngel,
Unterwegs zur Sache, Tübingen ³2000, 106–111; Hermann Fi-
scher, Protestantische Theologie im 20. Jahrhundert, Stuttgart
2002, 160–162; Konrad Hammann, Rudolf Bultmann, 464–471.

Jahr 1999 dazu Bultmanns exegetische und seelsorgliche Arbeiten ausgewertet und vertritt die Überzeugung: Bultmann nimmt sowohl exegetisch als auch seelsorglich eine Hoffnung des Glaubenden über seinen Tod hinaus an.[51] Bultmann kann in Predigten für die Kontinuität zwischen Menschen vor und nach seinem Tod sogar den Begriff der „Seele" verwenden, der allerdings nicht wirklich zu Bultmanns theologischem Selbstverständnis passt.[52] Letztlich zeigt sich in Bultmanns Theologie, so die Kritik von Dorhs, das Problem, dass Bultmann zur Sprache und ihrer Bildlichkeit praktisch und theoretisch kein rechtes Verhältnis findet.[53] Meines Erachtens berührt Bultmanns Theologie hier ein zentrales und aktuelles Problem. Wir werden sogleich darauf zurückkommen, wenn wir da-

---

[51] Vgl. zusammenfassend: MICHAEL DORHS, Über den Tod hinaus. Grundzüge einer Individualeschatologie in der Theologie Rudolf Bultmanns, Frankfurt a.M./Berlin/Bern/New York/Paris/Wien 1999, 365–369.

[52] Vgl. MICHAEL DORHS, Über den Tod hinaus, 298–309, bes. 300f.

[53] Vgl. MICHAEL DORHS, Über den Tod hinaus, 334–364. Nach Dorhs liegt in der tatsächlichen Konsequenz von Bultmanns den Mythos deutender und nicht abschaffender Entmythologisierung eine anschauliche Rede vom Unanschaulichen, die ihre Anschaulichkeit sogleich einklammert (vgl. MICHAEL DORHS, Über den Tod hinaus, 362): „Sie deutet Bilder *als* Bilder" (ebd.), wurzelt in der „Existenz des Menschen und seine[r] Einbildungskraft" (MICHAEL DORHS, Über den Tod hinaus, 363) und ist mit ihrer „Paradoxalstruktur ... im Angesicht des Todes und der Hoffnung über den Tod hinaus" (ebd.) gleichsam zu Hause. Anders gesagt: In der Individualeschatologie kommen dann Bultmanns Betonung des Individuellen und des Eschatologischen zusammen. Dagegen hat sich Bultmann auf der Ebene seines theologischen Selbstverständnisses – mit seiner Aversion gegenüber der (Sprach-) Bildlichkeit – leider um genau diese Verbindung gebracht (vgl. zur Sache auch: UDO SCHNELLE, Einführung in die Evangelische Theologie, 81–87, bes. 85).

nach fragen, was aus Bultmanns Überlegungen folgen
könnte.

3 Was kann man von Bultmann für die Zukunft der Kirche lernen?

Orientiert man sich an den drei dialektischen Überlegun-
gen, die wir bei Bultmann ausgemacht haben[54], dann kann
man drei Kompetenzen der Kirche zur Bewältigung ihrer
Krise feststellen[55], nämlich erstens ihre subjektförmige
Sozialität; zweitens ihre interdisziplinäre Reflexivität;
und drittens ihre gegenwartserschließende Transzendenz.
Diesen Kompetenzen entspricht meines Erachtens eine
Hochschätzung lokaler Gemeindestruktur, akademischer
Theologie und alteritätssensibler Medialität.

Die erste Dialektik zwischen Kirchlichkeit und Innerlichkeit kann meines Erachtens auf eine *relative Entsprechung zwischen subjektförmiger Sozialität und lokaler
Gemeindestruktur* aufmerksam machen.

Aufgrund ihrer Bindung an die freie Innerlichkeit konkreter Individuen im Glauben bringt die evangelische
Kirche die Fähigkeit mit, sich religiös und kontextuell in
Einzelne einzufühlen und Stimmungen aufzunehmen sowie dies in der gemeinsamen Kommunikation und sozialen Kooperation auszudrücken.[56] Für das Weiterleben in

---

[54] Eine solche Orientierung schließt nicht aus, dass die folgenden
Einsichten nicht auch mit anderen Theologien verbunden werden
können.

[55] Vgl. zur Offenheit des Kompetenzbegriffs: KARL SCHWEIZER,
Leistung und Leistungsdiagnostik, Heidelberg 2006, 128–144.

[56] Ein aktueller, auch ökumenischer Schlüsselbegriff könnte der
der „Spiritualität" sein, in dem die innerliche und geistliche Dimen-

einer spätmodernen Gesellschaft, in welcher der christliche Glaube zur individuellen Entscheidung wird, dürfte dies eine gute Voraussetzung sein. Die Kirche ist dann keine sakrale Autorität (mehr), die der freien Subjektivität des Glaubens gegenübersteht, sondern vollzieht sich in und aus konkreten Individuen, die ihren Glauben intersubjektiv ausleben.[57] Damit ist dem Versuch der Kirche, die Innerlichkeit der Glaubenden mittels äußerlicher Strukturen regulieren zu wollen, theologisch der Boden entzogen. Vielmehr muss sich die Kirche so darstellen,

---

sion so verbunden werden können, dass auch der Aspekt des Gemeinschaftlichen zum Tragen kommt (vgl. zur Sache: Peter Zimmerling, Evangelische Spiritualität. Wurzeln und Zugänge, Göttingen 2003; Wilhelm Gräb/Lars Charbonnier [Hg.], Individualisierung – Spiritualität – Religion. Transformationsprozesse auf dem religiösen Feld in interdisziplinärer Perspektive, Berlin/Münster 2008; Gisbert Greshake, Kirche wohin, 120–157; vgl. skeptisch[er] in der Einschätzung: Christian Grethlein, Praktische Theologie, 175–179).

[57] Dies schließt auch religiös fruchtbare Irritationsmomente für die individuelle Subjektivität ein. Vornehmlich erscheint diese Intersubjektivität gegenständlich in Kirchenbauten (vgl. Thomas Erne, Hybride Räume der Transzendenz. Wozu wir heute noch Kirchen brauchen. Studien zu einer postsäkularen Theorie des Kirchenbaus, Leipzig 2017; vgl. grundsätzlich zum *spatial turn* in der Praktischen Theologie auch: Uta Pohl-Patalong, Von der Ortskirche zu den Kirchlichen Orten. Ein Zukunftsmodell, Göttingen ²2005) und zuständlich in Gottesdiensten (vgl. Hans-Peter Grosshans/Malte Dominik Krüger [Hg.], In der Gegenwart Gottes. Beiträge zu einer Theologie des Gottesdienstes, Frankfurt a.M. 2009). Hierbei ist evangelisch insbesondere die Kirchenmusik wohl (mit) identitätsstiftend; dahinter steht meines Erachtens die Einbildungskraft, die sich auch in weiteren Kunstformen äußert (vgl. Malte Dominik Krüger, Tod, Endlichkeit und Comic in der evangelischen Dogmatik. Perspektiven nach dem „iconic turn" [erscheint in einem von Frank Thomas Brinkmann herausgegebenen Sammelband]).

dass sie in einer individuell geprägten Gesellschaft vermittelbar ist. Dies gilt auch gerade dann, wenn die Kirche
gegenüber einem übersteigerten Individualismus kritisch
agieren möchte.[58]

Seitens der (verfassten) Kirche schließt das offenbar
eine hohe Kontextsensibilität für verschiedene Zugänge
konkreter Individualitäten ein, wie sie tendenziell meines
Erachtens nicht nur, aber insbesondere mit der Ortsgemeinde verknüpft ist. Wenn die Erfahrung evangelischer
Kirche insbesondere am Kontakt mit der konkreten Pfarrerin bzw. dem konkreten Pfarrer hängt[59], dann hat das
ortsgebundene Pfarramt den Vorteil[60], in die vorhandenen

---

[58] Dass diese individuell geprägte Gesellschaft darin möglicherweise zu einer paradoxen Gleichförmigkeit der Singularisierung
tendiert, wird man diskutieren und theologisch einordnen müssen
(vgl. dazu: ANDREAS RECKWITZ, Die Gesellschaft der Singularitä-
ten. Zum Strukturwandel der Moderne, Frankfurt a.M. 2017;
CHRISTINE AXT-PISCALAR, Binäre Logik und Ambivalenzerleben.
Zur Selbst- und Welterfahrung des spätmodernen Subjekts im Licht
theologischer Deutungsversuche, in: RALPH CHARBONNIER/JÖRG
DIERKEN/MALTE DOMINIK KRÜGER [Hg.], Eindeutigkeit und Ambivalenzen. Theologie und Digitalisierungsdiskurs, Leipzig 2021,
295–321). Es ist in dem Kontext daran zu erinnern, dass Bultmanns
Kombination von Individualismus und Kirchlichkeit zu einer individuellen Allgemeingültigkeit bzw. Intersubjektivität führt, der es
gerade darum geht, eine Selbstfixierung des Menschen zu unterbin-
den, so sehr sich der Einzelne im Glauben unvertretbar vor seinen
Gott gestellt weiß.
[59] Vgl. ISOLDE KARLE, Praktische Theologie, 141–148; vgl. zur
Sache auch ausführlich: ISOLDE KARLE, Kirche im Reformstress,
Gütersloh 2010.
[60] Pfarramt und ortsgebundenes Pfarramt sind damit nicht identisch (darum die obige „wenn-dann"-Konstruktion), aber meines
Erachtens ist das ortsgebundene Pfarramt tendenziell als der Regel-
fall anzusehen. Bis heute beruht auf ihm – schon pragmatisch – das
Funktionieren der Kirche, wenn das ortsgebundene Pfarramt die

Lebenswelten von konkreten Individuen in der Regel relativ verlässlich vernetzt zu sein, und zwar niedrigschwellig.[61] Das spricht meines Erachtens gegen eine offene, verdeckte oder perspektivische Abschaffung der Ortsgemeinde.[62] Das schließt wiederum nicht aus, dass es auch

---

finanzielle Basis für weitere, auch kirchleitende Positionen zur Verfügung stellt (vgl. auch: Ulrich H.J. Körtner, Kirchenkrise auf Evangelisch, 1).

[61] Vgl. zur Sache auch: Isolde Karle, Praktische Theologie, 141–148. Vgl. zu der spätestens seit Henning Luther prominenten Schwellen-Metapher exemplarisch: Kristian Fechtner, Schwellenzeit. Erkundungen zur kulturellen und gottesdienstlichen Praxis des Jahreswechsels, Gütersloh 2001; Ulrike Wagner-Rau, Auf der Schwelle. Das Pfarramt im Prozess kirchlichen Wandels, Stuttgart ²2012.

[62] Die Vermittlungsfunktion des Pfarramtes und der Ortsgemeinde kann noch anders akzentuiert werden. Die Fähigkeit des evangelischen Glaubens, seine intersubjektive Sozialform in der Subjektivität gleichsam objektiv verankert zu wissen, kann mit ihrer Flexibilität auch in einem Moment bei der Bewältigung der aktuellen Krise sein, wenn es um den Einbezug von Ehrenamtlichen geht. Denn dies ist dann nicht nur möglich, sondern höchst wünschenswert. In der Regel wird dies an Ortsgemeinden und ihre Pfarrämter gebunden sein, weil sich hier vermutlich am einfachsten durch die persönliche Kontinuität ein so hohes Interesse entwickelt, dass sich Ehrenamtliche etwa für die Aufgabe von Gottesdienstleitungen u.a. begeistern. Letzteres zeigt meines Erachtens, dass eine theologisch wirklich solide „Zurüstung" von Ehrenamtlichen sinnvoll ist: Es braucht die *tools* für die jeweiligen Aufgaben. Kritisch wäre meines Erachtens ein *clerus minor* zu sehen, der in einem neuen Neoklerikalismus seine Rolle findet und dies womöglich noch mit der Motivation eines unreflektierten Theismus kombiniert. Letzterer würde mit seiner unreflektierten Gegenständlichkeit zu einer religiösen Werkgerechtigkeit führen, gegen deren un-evangelischen Geist Bultmanns Theologie zu Recht angetreten war (vgl. grundsätzlich zu einer Theologie des Ehrenamtes: Isolde Karle, Praktische Theologie, 158–161; Uta Pohl-Patalong, Kirche gestalten, 165–188).

außerhalb der Ortsgemeinde vielversprechende Berüh-
rungspunkte zwischen evangelischer Kirchlichkeit und
spätmoderner Optionskultur gibt, noch bedeutet dies,
dass die Ortsgemeinde sich selbst genügen muss oder
soll.[63] Letzteres würde nicht nur neueren Entwicklungen
entgegenstehen, wonach der Wohnort nicht automatisch
der am meisten genutzte Lebensraum ist.[64] Vielmehr wäre
es auch theologisch nicht in Bultmanns Sinn. Denn nach
seiner Überzeugung ist jede Ortsgemeinde mit der uni-
versalen, globalen Dimension der Kirche verflochten und
muss für sie offen sein. Angesichts gegenwärtiger Migra-
tionsbewegungen und so sich einer zunehmend im Lokalen konkretisierenden Globalität dürfte das ein wichtiger
Hinweis für die Zukunft der Ortsgemeinde sein: Ihre

---

[63] Hier dürften die Konzepte von der „Kirche in der Region",
„Kirche im Gemeinwesen" bzw. „Kirche im Quartier" und „Kirche
als Netzwerk" ihren berechtigten Ankerpunkt haben (vgl. zur Orientierung nur: Michael Herbst/Hans-Hermann Pompe, Regio-
lokale Kirchenentwicklung. Wie Gemeinden vom Nebeneinander
zum Miteinander kommen können, Dortmund [4]2018; Georg
Lämmlin/Gerhard Wegner [Hg.], Kirche im Quartier. Die Praxis. Ein Handbuch, Leipzig 2020; Peter Bubmann/Kristian
Fechtner/Konrad Merzyn/Stefan A. Nitsche/Birgit Weyel
[Hg.], Gemeinde auf Zeit. Gelebte Kirchlichkeit wahrnehmen,
Stuttgart 2019).
[64] Vgl. so relativierend: Gisbert Greshake, Kirche – wohin,
206 f. Das kulturwissenschaftliche Paradigma des *spatial turn* be-
tont die Bedeutung des Raumes für den Menschen (vgl. zur Orientierung: Doris Bachmann-Medick, Cultural Turns. Neuorientie-
rungen in den Kulturwissenschaften, Reinbek bei Hamburg [4]2010,
284–328), der als verkörpertes Lebewesen an die Ortsbewegung gebunden bleibt, ohne in ihr aufgehen zu müssen, wie die virtuelle Realität mit ihren Dynamiken der Delokalisierung zeigt. Anders gesagt: Die im Begriff der Ortsgemeinde zutage tretende Räumlichkeit
hat eine gewisse Plausibilität, auch wenn der „Ort" nicht immer der
„Wohnort" ist.

über das Lokale hinausgehende Einbindung und kirchliche Weitung könnte sich exemplarisch darin zeigen, dass die evangelischen Herkunftsgemeinden vor Ort gemeinsam – und nicht getrennt nach ihrer ursprünglichen Herkunftskultur (wie etwa deutsch, russisch oder afrikanisch) – Gottesdienst feiern und christlich leben. Bevor man weitere Formen fluider Kirchlichkeit mit größeren Ansprüchen in Angriff nimmt, wäre das unter Wertschätzung der konstitutiven Rolle der Ortsgemeinde vielleicht ein guter, konkreter Anfang, um die eigene Flexibilität zu testen und weiter auszuformen.[65]

Die zweite Dialektik zwischen Soziologie und Theologie kann meines Erachtens auf eine *relative Entsprechung zwischen interdisziplinärer Reflexivität und akademischer Theologie* aufmerksam machen.

Bultmanns faktische Abweisung der Soziologie bestätigt zunächst offenbar alle Vorurteile über eine Wort-Gottes-Theologie, die sich gegenüber den wissenschaftlichen Einsichten menschlicher Sozialität und ihrer Zukunftserforschung abschottet.[66] Doch der theologische Vorbehalt

---

[65] Vgl. dazu die Begründung und das Plädoyer der systematisch-theologischen Marburger Dissertationsschrift: JOHANNES WETH, Weltweite Kirche vor Ort. Interkulturelle Ekklesiologie im Anschluss an Wolfhart Pannenberg und Jürgen Moltmann, Leipzig 2022 (im Erscheinen). Diese Öffnung der Ortsgemeinde, ihre Fokussierung von der Globalität in der Lokalität („Glokalität"), wäre nicht nur eine Aufgabe für die „Kirche in der (Groß-) Stadt", sondern auch für die „Kirche auf dem Land". Selbstverständlich kann es vorkommen, dass sich die Situation des „Glokalen" hier noch anders stellt.

[66] Vgl. zur Kritik einer entsprechenden Selbstimmunisierung der Wort-Gottes-Theologie und der Abblendung des futurischen Aspekts „normaler", profanhistorische Geschichte: WOLFHART PANNENBERG, Problemgeschichte der neueren evangelischen Theologie

von der Verborgenheit der Zukunft kann auch geschichts-
wissenschaftlich plausibilisiert werden: Inwieweit ist es
möglich, die Wirklichkeit der Zukunft hochzurechnen?
Die Geschichtswissenschaft ist hier skeptisch. Ihre Erforschung, welche Zukunftsaussagen es in der Vergangenheit
gab und was aus ihnen geworden ist, zeigt deutlich, dass
die Zukunft in der Regel fast immer anders gekommen ist,
als man sie vorhergesagt hat.[67] Und philosophisch kann
man fragen, was eigentlich Zukunft ist und worin ihre
Wirklichkeit besteht. Klar erscheint dies keineswegs.[68] In
theologischer Hinsicht kommt noch die Einsicht hinzu,
dass der christliche Glaube immer auch kontrafaktisch
ausgerichtet ist. Von seinen Ursprüngen in den Hoff-
nungserzählungen Israels über die neutestamentliche
Botschaft vom Leben aus dem Tod bis hin zu unserer religiösen Gegenwart ist der christliche Glaube von einer
Hoffnung bestimmt, die das faktisch Erwartbare über-
steigt.[69] Dies ist auch selbstkritisch einzugestehen. Denn
die Theologie weiß schmerzlich aus ihrer eigenen Geschichte, dass alle Versuche, die Zukunft dieser Hoffnung
zu berechnen, unter dem Vorbehalt menschlicher Endlichkeit stehen.[70]

---

in Deutschland. Von Schleiermacher bis zu Barth und Tillich, Göttingen 1997, 168–232; WOLFHART PANNENBERG, Systematische
Theologie, Band III, Göttingen 1993, 569–588.

[67] Vgl. JOACHIM RADKAU, Geschichte der Zukunft. Prognosen,
Visionen, Irrungen in Deutschland von 1945 bis heute, München
2017, bes. 11–30.

[68] Vgl. NORMAN SIEROKA, Philosophie der Zeit. Grundlagen und
Perspektiven, München 2018.

[69] Vgl. PHILIP C. ALMOND, Jenseits. Eine Geschichte des Lebens
nach dem Tode, Darmstadt 2017.

[70] Vgl. ebd.

Dieser letzte Vorbehalt gilt dann auch für derzeitige Zukunftsvoraussagen, die vor allem mithilfe nicht-theologischer Wissenschaften erarbeitet werden. Das heißt allerdings nicht, dass die Theologie diese Modelle und Projektionen nicht ernstnehmen und diskutieren soll. Denn auch die Theologie ist nicht der Endlichkeit enthoben, so dass sie ein vitales Interesse an deren Perspektivierung haben sollte. Wie die oben skizzierte Übersetzung von Bultmanns Vorbehalt in eine geschichtswissenschaftliche Beobachtung zeigt, muss Theologie nicht in einer Selbstfixierung verharren. Es würde meines Erachtens auch nicht zu ihrer Struktur passen, die von Haus aus auf eine Öffnung und eine Interdisziplinarität ausgelegt ist. Denn die aus der kirchlichen Verkündigung reflexiv erwachsende Theologie, die in ihrer konstruktiven Kritik der Verkündigung dient und so das Lehramt in der Kirche ausübt[71], stellt eine Öffnung der glaubenden Binnenperspektive dar. Hierbei bezieht die akademische Theologie seit jeher auch Einsichten anderer Disziplinen wie etwa

---

[71] Deutlich wird dies auch von Hans-Peter Großhans in seiner Deutung von Bultmanns Kirchenverständnis unterstrichen: „Die Theologie übt das Lehramt in der Kirche aus" (Hans-Peter Großhans, Bultmann und die Kirche, 155). Das darf selbstverständlich nicht zu einer einseitigen Dogmatisierung führen, wie das oben beschriebene Modell mit seiner Öffnung und Interdisziplinarität sie schon von Anfang an unmöglich macht. Mindestens ebenso deutlich ist dann auch eine Klerikalisierung der evangelischen Kirche auszuschließen, die Äußerlichkeiten möglichst amtsbewusst zur Schau stellt (vgl. grundsätzlich zur Sache auch: Ruth Conrad, „Die Tage des reinen Kirchentypus in unserer Kultur sind gezählt". Praktisch-theologische Überlegungen zur [möglichen] Zukunft des Protestantismus im Anschluss an Ernst Troeltsch, in: Friedemann Voigt [Hg.], Die Kreativität des Christentums. Von der Wahrnehmung zur Gestaltung der Welt, Berlin/Boston 2021, 149–157).

der Philosophie mit ein.[72] Die akademische Theologie ist
sogar mit ihren Einzeldisziplinen historischer, systematischer und praktischer Art eine Gesamtdisziplin, die in
sich interdisziplinär geprägt ist.[73] Interdisziplinäre Reflexivität und akademische Theologie gehören zusammen. Interdisziplinarität bestimmt das Disziplinäre der
Theologie mit. Auch hierin kann ein positives Vermögen
entdeckt werden, was der evangelischen Kirche bei der
Bewältigung ihrer aktuellen Krise helfen kann: Aus der
akademischen Theologie kennt die Kirche den reflexiven
Umgang mit einer Vielfalt von Ansätzen, so dass die Kirche in Nachdenklichkeit und (Selbst-) Distanzierung eingeübt ist.

Die dritte Dialektik zwischen Diesseits und Jenseits
kann meines Erachtens auf eine *relative Entsprechung
zwischen gegenwartserschließender Transzendenz und alteritätssensibler Medialität* aufmerksam machen.

Der Springpunkt ist die Selbstverneinung der Kirche
zugunsten des dadurch in ihr endzeitlich zur Erscheinung
kommenden Gottes: Indem die Kirche sagt „Ich bin es
nicht", auf Gott verweist und so Gott zur Geltung kommen lässt, wird die Kirche zu einem Medium, gewissermaßen zu einem Fenster, durch das Gott in der Welt erkannt werden kann. In der Philosophie beschreibt man
diese Teilhabe (*methexis*) aufgrund der Kraft der Verneinung seit Platon als Bild bzw. Urbild-Abbild-Struktur.[74]

---

[72] Vgl. zur Sache etwa: Werner Beierwaltes, Platonismus im
Christentum, Frankfurt a. M. 1998.

[73] Vgl. zur Sache etwa: Wolfhart Pannenberg, Wissenschaftstheorie und Theologie, Frankfurt a. M. 1973.

[74] Vgl. Christoph Poetsch, Platons Philosophie des Bildes.
Systematische Untersuchungen zur platonischen Metaphysik,
Frankfurt a. M. 2019.

Schon bei den Kirchenvätern ist diese Einsicht in die christliche Theologie eingegangen.[75] Angesichts eines Glaubens, dem aus der Bibel szenische, bildliche Erzählungen der Gotteserfahrung bekannt sind[76] und der zu Jesus Christus als dem Bild des bildlosen Gottes führt[77], leuchtet diese Verbindung von Bildkonzept und Jesustradition meines Erachtens bis heute ein, und zwar erst recht in einer so bildlich bestimmten Gegenwart.[78] Wenn wir

---

[75] Vgl. Hugo Rahner, Symbole der Kirche, 13–564. Rahner spricht von der „Bildtheologie der Urzeit" (Hugo Rahner, Symbole der Kirche, 8) bei den Kirchenvätern (vgl. zur Sache auch: Notker Baumann, „Symbolismus" und „Metabolismus". Zur theologischen Deutung der eucharistischen Elemente in der Alten Kirche, in: Theologie der Gegenwart 61 [2018], 16–28). Auf das platonisch-aristotelische Erbe in den aktuellen Konzepten der „Teilhabe"-Gerechtigkeit, wie es besonders bei Martha Nussbaum deutlich wird, kann hier nicht eingegangen werden (vgl. zur Sache: Thomas Gutschker, Aristotelische Diskurse. Aristoteles in der politischen Philosophie des 20. Jahrhunderts, Stuttgart/Weimar 2002, 404–465).

[76] Vgl. Eilert Herms, Die Sprache der Bilder und die Kirche des Wortes, in: Rainer Beck/Rainer Volp/Gisela Schirber (Hg.), Die Kunst und die Kirchen. Der Streit um die Bilder heute, München 1984, 242–259.

[77] Vgl. zur Sache auch: Christof Landmesser, Das Bild Christi in den Paulusbriefen – Exegetische und hermeneutische Beobachtungen, in: Petra Bosse-Huber/Martin Illert (Hg.), Das Bild Christi in der orthodoxen und der evangelischen Frömmigkeit, Leipzig 2017, 19–36). In dem Bild Christi als dem Bild des bildlosen Gottes wird das alttestamentliche Bilderverbot aufgenommen, das im Sinn des Monotheismus die Erfahrung verarbeitet, in irdischen Niederlagen den göttlichen Sieg zu erkennen – gegen den offenbaren Augenschein und im kontrafaktischen Glauben (vgl. zur Sache: Gerd Theissen, Die Religion der ersten Christen. Eine Theorie des Urchristentums, Gütersloh ²2001, 47–98; Thomas Römer, Die Erfindung Gottes. Eine Reise zu den Quellen des Monotheismus, Darmstadt 2018).

[78] Vgl. dazu und zu den folgenden Ausführungen den Ansatz ei-

nun in unserem Kontext von der Kirche als einem Bild
Gottes reden, so geht dieser Sprachgebrauch von „Bild"
über Bultmann unmittelbar hinaus. Doch er trifft meines
Erachtens ins Zentrum seines Kirchenverständnisses,
wenn die Kirche aufgrund ihrer Selbstverneinung zum
Medium Gottes wird und so von Bultmann mit dem Heiligen Geist gleichgesetzt wird, in dem Jesus Christus präsent ist.[79] Denn ein Bild zeigt – so wird es auch in der spätmodernen Bildphilosophie deutlich –, was es selbst nicht
ist; darin aber ist es für dieses Erscheinen notwendig.[80]
Das trifft schon für äußerliche Bilder zu. So ist zum Beispiel ein Bild des Marburger Bahnhofs nicht selbst der
Marburger Bahnhof, sondern stellt ihn nur da, dies allerdings in konkreter Verneinung, indem das Bild anschau-
lich an der Erscheinung des Marburger Bahnhofs teilhat
und darin zugleich deutlich macht, dass es nicht dieser
Bahnhof ist. Damit ist angedeutet: Selbst ein äußerliches
Bild muss aufgrund seiner Selbstverneinung realisiert
werden; andernfalls bleibt es bei einer zweidimensionalen

---

ner bildhermeneutischen Theologie: MALTE DOMINIK KRÜGER,
Das andere Bild Christi. Spätmoderner Protestantismus als kritische Bildreligion, Tübingen 2017; MALTE DOMINIK KRÜGER/
ANDREAS LINDEMANN/ARBOGAST SCHMITT, Erkenntnis des Göttlichen im Bild? Perspektiven hermeneutischer Theologie und anti-
ker Philosophie, Leipzig 2021, 33–160. Dies schließt eine metaphy-
sische Perspektive ein (vgl. ebd.), wie ohnehin – auch nicht
näherungsweise – ohne Metaphysik keine Vorstellung vom Ganzen
zu gewinnen ist (vgl. zur Sache auch: JÖRG DISSE, Kleine Geschichte
der abendländischen Metaphysik. Von Platon bis Hegel, Darmstadt
³2007).

[79] Vgl. Teil 2 dieses Beitrags.

[80] Vgl. etwa: REINHARD BRANDT, Die Wirklichkeit des Bildes.
Sehen und Erkennen – Vom Spiegel zum Kunstbild, München/Wien
1999; CHRISTOPH ASMUTH, Bilder über Bilder, Bilder ohne Bilder.
Eine neue Theorie der Bildlichkeit, Darmstadt 2011.

Oberfläche mit Formen und Farben. Es muss eine Instanz geben, die ein Bild wahrnimmt, damit es als solches erscheint.[81] In der Antike bei Platon und Aristoteles ist diese Instanz der Realisierung des Bildlichen eingebettet in eine Theorie des Geistes (*nous*); in der Moderne wird hier das Bewusstsein bzw. die Einbildungskraft genannt und spätmodern auch die Rede vom Imaginären gepflegt.[82] Im Einzelnen ist das ein weites Feld, das hier nicht skizziert werden kann. Doch zumindest in J. G. Fichtes für diese Zusammenhänge prominenter Spätphilosophie wird deutlich: Bild, Negation und Bewusstsein bzw. Einbildungskraft gehören zusammen.[83] Inzwischen hat man zudem in der evolutionären Anthropologie und Menschenaffenforschung herausgefunden, dass das Bildvermögen, etwas zu zeigen und dabei als Abwesendes anwesend zu halten, anthropologisch für die Ausbildung der Kommunikation notwendig ist.[84] Aus der Geste des Zeigens, das sich in Bildern selbst vergegenständlicht, entwickelt sich unsere menschliche Sprache, die in Aussagen etwas verneint oder bejaht. Und weil man die Behauptungen von Aussagen hinterfragen kann, kommt es zu einem Wechselspiel, an dessen Ende die Ausbildung von „Ich" und „Wir", von Bewusstsein und Kommunikation aktualisiert

---

[81] Vgl. ebd.

[82] Vgl. zur aktuellen bildtheoretischen Diskussion mit ihren sehr unterschiedlichen Facetten und Dimensionen: Malte Dominik Krüger, Das andere Bild Christi, 151–468.

[83] Vgl. etwa Peter Reisinger, Idealismus als Bildtheorie. Untersuchungen zur Grundlegung einer Zeichenphilosophie, Stuttgart 1979.

[84] Vgl. Michael Tomasello, Die Ursprünge der menschlichen Kommunikation, Frankfurt a. M. 2009; Reinhard Brandt, Können Tiere denken? Ein Beitrag zur Tierphilosophie, Frankfurt a. M. 2009.

ist.[85] Insofern ist es nachvollziehbar, dass es hermeneutische Entwürfe gibt, die das Bewusstsein als Bildbewusstsein fassen und es aufgrund seiner Fähigkeit, in der Verneinung etwas festzuhalten, zum Dreh- und Angelpunkt des menschlichen Selbst erklären.[86] Dabei werden bzw. sind Bild-, Sprach- und Vernunftvermögen unaufhebbar miteinander verbunden, auch wenn sie relativ voneinander abzugrenzen sind.[87]

Von diesen Einsichten ist nun in unserem Zusammenhang kirchentheoretisch in der Fluchtlinie Bultmanns die Einsicht maßgeblich: Indem sich die Kirche verneint und so Gott zur Geltung kommen lässt, ist sie ganz bei sich selbst, nämlich bei Gott. Das macht ihren Bildcharakter aus.[88] Aufgrund dieser bildhaften Teilhabe an Gott darf sich die evangelische Kirche nicht aus Gründen vordergründiger Systemrelevanz inmitten noch so berechtigter Selbstbeschäftigung in eine Spirale der Selbstfixierung hineindrehen (lassen). Vielmehr muss die Kirche deutlich machen, worum in ihrer Teilhabe bzw. in ihrem Bildcharakter gerungen wird: Ihr geht es um Gott, seine Wirklichkeit und ihr Verstehen. Dies ist jedoch nicht einfach eine Frage der Traditionsverwaltung, sondern die

---

[85] Vgl. ebd.
[86] Vgl. etwa: Ferdinand Fellmann, Symbolischer Pragmatismus. Hermeneutik nach Dilthey, Reinbek bei Hamburg 1991. Vgl. auch: Matthias Jung, Der bewusste Ausdruck. Anthropologie der Artikulation, Berlin/New York 2009; Christian Georg Martin, Die Einheit des Sinns. Untersuchungen zur Form des Denkens und Sprechens, Paderborn 2020.
[87] Vgl. ebd.
[88] Theologisch könnte diese Teilhabe mit dem auch ökumenisch gut anschlussfähigen Konzept der „Stellvertretung" verbunden – nicht: gleichgesetzt – werden (vgl. zur Sache etwa: Gisbert Greshake, Kirche wohin, 96–119).

theologische Substanz muss – einschließlich des Gottes-, Welt- und Selbstbildes – grundlegend in jeder Generation neu erarbeitet werden.[89] Dies sollte eine lebendige Rezeption der akademischen Theologie in der aktuellen Kirche einschließen, wie umgekehrt deren Zustand der akademischen Theologie wirklich am Herzen liegen sollte.[90] Dass dieses Ideal durch praktische Hindernisse wie Arbeitsbedingungen und Interessenlagen eingeschränkt wird, liegt auf der Hand, sollte aber nicht dazu führen, es als regulatives Ideal fallenzulassen.

Bei dieser wechselseitigen Wahrnehmung von Theologie und Kirche hat jede Zeit ihre Chancen und Gefahren. Derzeit dürfte nicht mehr die Gefahr bestehen, dass man im Sinn Bultmanns in der evangelischen Kirche das Jenseits zu stark in die Gegenwart der Verkündigung hineinholt, sondern zu sehr aus ihr heraushält.[91] Doch wenn Bultmann an dem Punkt im Recht ist, dass es die Haupt-

---

[89] Vgl. zur Sache etwa: PHILIPP DAVID/ANNE KÄFER/MALTE DOMINIK KRÜGER/ANDRÉ MUNZINGER/CHRISTIAN POLKE, Neues von Gott? Versuche gegenwärtiger Gottesrede, Darmstadt 2021. (Nur in Klammern: Die Notwendigkeit, beispielsweise eine aktuelle Theologie des Todes auszuarbeiten, zeigt der Streit um die theologische Bewertung des assistierten Suizids).

[90] Vgl. zur Pointe dieser Verbindung auch: GÜNTER THOMAS, Im Weltabenteuer Gottes leben. Impulse zur Verantwortung für die Kirche, Leipzig ²2021, 19–25. 29–34. Vgl. zum kirchlichen Amt und Lehramt auch: TOM KLEFFMANN, Grundriß der Systematischen Theologie, 233–237.

[91] Allenfalls zwischen Bultmanns radikalem Verzicht auf endzeitliche Hoffnungsbilder und der Hilflosigkeit gegenwärtiger Verkündigung, solche Bilder glaubwürdig zur Sprache zu bringen, könnte man untergründig einen Zusammenhang herstellen: Hat die (sprach-) bildkritische Wort-Gottes-Theologie mit ihrer radikalen Ausweitung der Eschatologie und deren Konzentration auf Jesus Christus dazu geführt, dass die Kirche kaum noch glaubwürdige

aufgabe der kirchlichen Verkündigung darstellt, das Jenseits im Diesseits, die Transzendenz in der Welt zur Sprache zu bringen, stellt sich die Frage: Passiert das noch hinreichend? Die Praktische Theologie macht aktuell, auch empirisch, darauf aufmerksam: Die Rede vom ewigen Leben ist in der gegenwärtigen kirchlichen Verkündigung auch in Traueransprachen tendenziell eine Leerstelle. Denn die Rede vom Ewigen ist entweder von einer gewissen Formelhaftigkeit geprägt oder gerät ganz ins Hintertreffen.[92] So wird der von Bultmann unterstrichene Auftrag der Kirche umso dringlicher: Wie kann die kirchliche Verkündigung das, was über die Welt hinausgeht, erfahrbar machen?[93] Und: Wenn dies in demjenigen Glauben erfolgen soll, der in der Kirche zu Hause ist, wie ist das heute möglich?

Einen Fingerzeig, der gut zu unseren Überlegungen zum Bildcharakter der Kirche passt, gibt Bultmanns schwieriges Verhältnis zur Anschaulichkeit der Verkündigung, das mit seinem Umgang mit dem Mythos zusammenhängt. So ist Bultmanns Umgang mit der Bildlichkeit der Sprache in der Verkündigung unentschieden und seine Bewertung ebenso.[94] Interessanterweise rücken schon in

---

Hoffnungsbilder „normaler" Menschen über ihren Tod hinaus findet?

[92] Vgl. zur Sache: Birgit Weyel, Lebensdeutung. Die Bestattungspredigt in empirischer Perspektive, in: Thomas Klie/Martina Kumlehn/Ralph Kunz/Thomas Schlag (Hg.), Praktische Theologie der Bestattung, Berlin/München/Boston 2015, 121–139.

[93] Vgl. zur Sache aktuell auch: Ulrich H. J. Körtner, Kirchenkrise auf Evangelisch, 10.

[94] Vgl. Michael Dorhs, Über den Tod hinaus, 334–364. Vgl. zur Sache auch: Ulrich H. J. Körtner, Noch einmal Fragen an Rudolf Bultmann. Zur Kritik der Theologischen Schule Bethel am Programm der Entmythologisierung, in: Wort und Dienst 18 (1985),

Bultmanns Schülerkreis die Bildlichkeit und Medialität in den Mittelpunkt: Gleichnis und Metapher werden etwa bei Ernst Fuchs und Eberhard Jüngel zentral[95] und scheinen mit den liberaltheologischen Schlüsselbegriffen von Symbol und Erleben vermittelbar.[96] Vermittelt werden könnte der Begriff der Metapher und der Begriff des Symbols im Bildbegriff, der über die Rede vom Bild Christi tief in der Tradition verankert ist, wie oben angedeutet wurde. Aktuell kann man dies meines Erachtens im Sinn einer hermeneutischen Theologie, die sich konstruktiv-kritisch Bultmann anschließt, folgendermaßen aufnehmen: Aufgrund der Ostererfahrung hat die entstehende Kirche den von Jesus Christus hinterlassenen Eindruck, also sein Bild, im Neuen Testament verschriftet. Aus dem geschichtlichen Jesus, der Gott erzählend in Gleichnissen erschließt, wird mit seinem Tod und seiner Auferstehung

---

159–180; Bernhard Dieckmann, Die theologischen Gründe von Bultmanns Bildfeindschaft, in: Catholica 32 (1978), 270–298.

[95] Vgl. Oliver Pilnei, Wie entsteht christlicher Glaube? Untersuchungen zur Glaubenskonstitution in der hermeneutischen Theologie bei Rudolf Bultmann, Ernst Fuchs und Gerhard Ebeling, Tübingen 2007; Rainer Dvorak, Gott ist die Liebe. Eine Studie zur Grundlegung der Trinitätslehre bei Eberhard Jüngel, Würzburg 1999.

[96] Vermittelbar heißt nicht, dass es keine Spannungen gibt. Doch meines Erachtens ist es ein Unterschied, ob man in der Fachdiskussion darüber disputiert, ob das Konzept des Symbols oder das der Metapher besser geeignet ist, um theologisch Gott auszusagen, oder ob man sich wechselseitig angesichts der Alternative, entweder bei Gott oder beim Menschen anzusetzen, vorhält, entweder den Gottesbegriff kategorial zu verfehlen oder reflexiv unzulänglich den eigenen Standpunkt zu ignorieren (vgl. als Beispiel einer liberalen Symboltheologie: Ulrich Barth, Symbole des Christentums, Berliner Dogmatikvorlesung, hg. v. Friedemann Steck, Tübingen 2021).

das Gleichnis Gottes.[97] Aus demjenigen, der in (Sprach-) Bildern von Gott redet, wird das (Sprach-) Bild, nämlich das anschauliche „Wort", auf das sich der christliche Glaube direkt in seiner Frömmigkeit ausrichtet.[98] Es entsteht ein Bild, ein wirkmächtiger Eindruck Jesu, der noch heute jeden, der die christliche Bibel wahrnimmt, so ansprechen kann, dass der christliche Glaube immer wieder von neuem entsteht. Insofern hat die Kirche seit jeher eine Medien- und Bildkompetenz[99], wenn sie mit der Bibel das Bild Christi narrativ in szenischer Prägnanz weitergibt (*missio*) und zu dessen aktualisierender Inszenierung im eigenen Leben einlädt.[100]

---

[97] Vgl. dazu: EBERHARD JÜNGEL, Paulus und Jesus. Eine Untersuchung zur Präzisierung der Frage nach dem Ursprung der Christologie, Tübingen ⁶1986; RUBEN ZIMMERMANN, Paradigmen einer metaphorischen Christologie. Eine Leseanleitung, in: JÖRG FREY/ JAN ROHLS/RUBEN ZIMMERMANN (Hg.), Metaphorik und Christologie, Berlin/New York 2003, 1–34; RUBEN ZIMMERMANN (Hg.), Hermeneutik der Gleichnisse Jesu. Methodische Neuansätze zum Verstehen urchristlicher Parabeltexte, Tübingen 2008; GERHARD LOHFINK, Die vierzig Gleichnisse Jesu, Freiburg/Basel/Wien ⁴2020, 253–292.

[98] Vgl. ebd.

[99] Vgl. grundlegend zur sprachgeschichtlich belegten, frömmigkeitsgeschichtlich verankerten und aktuell interessanten Verbindung von „Bild" und „Bildung", auf die hier nicht eingegangen werden kann: JOACHIM KUNSTMANN, Religion und Bildung. Zur ästhetischen Signatur religiöser Bildungsprozesse, Gütersloh 2002.

[100] Vgl. zur Figur der szenischen Prägnanz: MICHAEL MOXTER, Symbolische Prägnanz und Anthropologie, in: THOMAS ERNE/ MALTE DOMINIK KRÜGER (Hg.), Bild und Text. Beiträge zum 1. Evangelischen Bildertag in Marburg 2018, Leipzig 2020, 47–77; vgl. zur wechselnden Medialität bei der Ausbildung des christlichen Glaubens: ECKHARD NORDHOFEN, Corpora. Die anarchische Kraft des Monotheismus, Freiburg/Basel/Wien 2018; KLAAS HUIZING, Ästhetische Theologie I, Stuttgart 2000.

Entsprechend kann man fragen: Müssen wir nicht grundsätzlich und vor allem angesichts der Hoffnung über den Tod hinaus die Bildsprache des Glaubens realisieren?[101] Kann man diese Bildsprache nicht so einklammern, dass sie Bultmanns berechtigte Warnung vor naiver Vergegenständlichung berücksichtigt?[102] Hätte hier nicht auch die Rede von der Seele ihr Recht?[103] Ich meine, dass diese Fragen sehr gut zu der von Bultmann faktisch herausgestellten Teilhabe- bzw. Bildstruktur der Kirche passen.[104] Dann ist nämlich die Kirche nicht allein in ihrer

---

[101] Vgl. auch: Malte Dominik Krüger, Das andere Bild Christi, 471–541; Malte Dominik Krüger/Andreas Lindemann/Arbogast Schmitt, Erkenntnis des Göttlichen im Bild, 33–160.

[102] In Marburg haben das EKD-Kirchbauinstitut und das Rudolf-Bultmann-Institut für Hermeneutik zur – auch konkreten – Erkundung dieser Fragen den „Evangelischen Bildertag" ins Leben gerufen (vgl. Thomas Erne/Malte Dominik Krüger [Hg.], Bild und Text).

[103] Vgl. zur Renaissance der Seele in der evangelischen Theologie: Christof Gestrich, Die menschliche Seele – Hermeneutik ihres dreifachen Wegs, Tübingen 2019; Alexander Dietz, Sinnerschließungen der Seele. Die Bedeutung der Seele für eine seelsorgliche Hermeneutik, Tübingen 2021; Jörg Dierken/Malte Dominik Krüger (Hg.), Leibbezogene Seele? Interdisziplinäre Erkundungen eines kaum noch fassbaren Begriffs, Tübingen 2015; Isolde Karle, Praktische Theologie, 568–573; Johanna Haberer, Die Seele. Versuch einer Animation, München 2021.

[104] Bildhermeneutisch legt dies meines Erachtens auch die Trinitätslehre nahe. Mit der dreistelligen Struktur des Bildes – als Bilderträger, Bildobjekt und Bildsujet – lässt sich die Grundstruktur des christlichen Glaubens artikulieren (vgl. dazu und zum Folgenden: Malte Dominik Krüger, Gesicht und Trinität. Zur christlichen Gotteslehre, in: Philipp David/Anne Käfer/Malte Dominik Krüger/André Munzinger/Christian Polke, Neues von Gott? Versuche gegenwärtiger Gottesrede, Darmstadt 2021, 61–100). Bildträger sind dann die Menschen im Glauben („Geist", Kirche), die sich auf das Bildobjekt Jesus ausrichten („Sohn", Christus)

Selbstverneinung der bildliche Selbstvollzug Gottes, der sich im Glauben erschließt, sondern die Bildlichkeit der Glaubenssprache ist der genuine Logos der Kirche. Ihre Verkündigung ist wesentlich metaphorisch, also sprachbildlich.[105] Die kirchliche Verkündigung verbindet vor dem Hintergrund der oben skizzierten Verbindung von innerem und äußerem Bildvermögen im sprachlichen Bildvermögen die Sprache und das Bild. Das scheint interessant und aufregend, dass die Kirche hier eine besondere Kompetenz hat. Denn damit hat die Kirche in unserer Zeit eine besondere Berufung.

So leben wir in einer Zeit des Bildlichen (*iconic turn*), einer Zeit der Bilderflut, des Spektakels und der Inszenierung, in einer Welt der Digitalisierung und des Bildschirms.[106] Hier gehen Schein und Sein, Dasein und De-

---

und darin das Bildsujet des Absoluten erkennen („Vater", Gott). Unter „Trinität" ist dann nicht ein symmetrisches Gottes-Modell wechselseitiger Anerkennung im Sinn G. W. F. Hegels gemeint, sondern darin sind mit F. W. J. Schelling auch asymmetrische Momente des Kreativen auszumachen, so dass mit den alten Bekenntnissen zur Trinität gilt: Der „Vater" vollzieht sich durch den „Sohn" im „Geist" (vgl. MALTE DOMINIK KRÜGER, Göttliche Freiheit. Die Trinitätslehre in Schellings Spätphilosophie, Tübingen 2008).

[105] Vgl. zur altkirchlichen, reformatorischen und modernen Sprachbildlichkeit des christlichen Glaubens exemplarisch: HUGO RAHNER, Symbole der Kirche, 7–9 (Zusammenfassung); JOACHIM RINGLEBEN, Luther zur Metapher, in: Zeitschrift für Theologie und Kirche 94 (1997), 336–369; EBERHARD JÜNGEL, Metaphorische Wahrheit. Erwägungen zur theologischen Relevanz der Metapher als Beitrag zur Hermeneutik einer narrativen Theologie (1974), in: EBERHARD JÜNGEL, Entsprechungen. Gott – Wahrheit – Mensch. Theologische Erörterungen, München 1980, 103–157.

[106] Vgl. zur Aufarbeitung der kulturwissenschaftlichen Diskussion dieser Schlagworte: MALTE DOMINIK KRÜGER, Das andere Bild Christi, 195–298.

sign, Realität und Virtualität ineinander über. Nicht zuletzt das in der Digitalisierung dominante Medium des Bildes scheint hier eine schwierige Rolle zu spielen. Denn wenn mit der Digitalisierung die Einbildungskraft gleichsam nach Außen gewendet und in ihrer Virtualität real wird, entstehen damit neue Räume des Miteinanders, die anders sind als bisher.[107] Und das betrifft dann auch die Art des Bildlichen. Ihrer Sichtbarkeit, ihrer „Bespielbarkeit" geht nunmehr tendenziell die konstruktive Selbstnegation des Bildlichen ab bzw. diese Dimension verschwindet: Die Kommunikation tendiert dann zu einer sich „blasenförmig" abschließenden Oberflächlichkeit. Dass hinter ihr die konstruktive Einbildungskraft, also das menschliche Bildvermögen steht, das unaufhebbar mit der Sprache und Vernunft verbunden ist, gerät tendenziell aus dem Blick.[108] Das weiß aber die Kirche als bildlicher Vollzug des bildlosen Gottes Jesu Christi und kann mit ihrer Bild- und Medienkompetenz zur Anwältin der unsichtbaren Einbildungskraft und der Bindung des Bildes an den Logos werden[109]: Es wäre dann die Aufgabe der Kirche, in

---

[107] Vgl. ausführlicher dazu und zum Folgenden: MALTE DOMINIK KRÜGER, Geheimnisvolle Unschärfe. Digitalisierungsdiskurs und Religionshermeneutik, in: RALPH CHARBONNIER/JÖRG DIERKEN/MALTE DOMINIK KRÜGER (Hg.), Eindeutigkeit und Ambivalenzen. Theologie und Digitalisierungsdiskurs, Leipzig 2021, 23–82; MALTE DOMINIK KRÜGER, Gesicht und Trinität, 61–100.

[108] Vgl. ebd.

[109] Vgl. zur Medienkompetenz des christlichen Glaubens auch: KLAAS HUIZING, Scham und Ehre. Eine theologische Ethik, Gütersloh 2016, 179–232, bes. 180 f. Vgl. beispielhaft zum Bereich von Bildergeschichte und Comic aus theologischer Perspektive: FRANK THOMAS BRINKMANN, Comics und Religion. Das Medium der „Neunten Kunst" in der gegenwärtigen Deutungskultur, Stuttgart/Berlin/Köln 1999.

einer digitalisierten Gesellschaft mit ihrer sich tendenziell
in bestimmten Formaten des Bildlichen und Sichtbaren
verschließenden Kommunikation an die genuin menschliche, unsichtbare Einbildungskraft sowie die Kraft der
Sprache und der Vernunft zu erinnern. Diese kritische
Aufgabe dient der starken Bildlichkeit, die ihre Verwur-
zelung im inneren Bildvermögen realisiert. Wahre Bildlichkeit erschöpft sich nicht oberflächlich im Sichtbaren[110],
sondern besteht in der konstruktiven Verneinung des
Sichtbaren als Erscheinung des Unsichtbaren, dessen
Fluchtpunkt in religiöser Deutung die Gottheit ist.[111] Gesellschaftlich kann hier auch die diakonisch relevante Dimension zum Tragen kommen, dass der Mensch mehr als
dasjenige ist, was von ihm sichtbar ist.[112] Vor allem ist an

---

[110] Insofern rettet eine Bildkritik, die das Bild nicht in der vermeintlich puren Sichtbarkeit der Oberfläche aufgehen lässt, die
Kraft des Bildlichen (vgl. GOTTFRIED BOEHM, Wie Bilder Sinn er-
zeugen. Die Macht des Zeigens, Berlin ³2010, 243–267).

[111] Hier liegt auch eine enge Verbindung zu einer prinzipienthe-
oretisch nicht-dualistischen Platon- und Aristoteles-Deutung vor
(vgl. ARBOGAST SCHMITT, Die Moderne und Platon. Zwei Grund-
formen europäischer Rationalität, Stuttgart/Weimar 2008). Daher
verwundert es nicht, dass Aristoteles in der Konzeption des *aes-
thetic turn* und *body turn* aufgegriffen werden kann (vgl. BIRGIT
MEYER/JOJADA VERRIPS, Aesthetics, in: DAVID MORGAN [Hg.],
Key Words in Religion, Media and Culture, New York 2008, 20–
30).

[112] Vgl. zur Sache auch: CHRISTIAN ALBRECHT, Diakonie als gesellschaftliche Praxis des Öffentlichen Protestantismus. Theologische Überlegungen zur Bedeutung der Diakonie für soziale Kohä-
sion, in: CHRISTIAN ALBRECHT (Hg.), Was leistet die Diakonie fürs
Gemeinwohl? Diakonie als gesellschaftliche Praxis des Öffentlichen Protestantismus, Tübingen 2018, 81–104, 92 f. Auf die diakonische Relevanz von (Un-) Sichtbarkeit, Antlitz und Alterität sowie
Ikone, Gabe und Verlangen kann hier nicht eingegangen werden. Es
sei nur notiert, dass dies bildhermeneutisch höchst interessant ist

diesem Punkt das christologische Erbe der Tradition zu beachten, in dem vom Bild Christi die Rede ist. Dies kann man dann auch, so meine ich, positiv und dynamisch auf die Herausforderung „Welche Zukunft hat die Kirche?" beziehen: Die evangelische Kirche wird medien- und bild-kompetent sein – oder sie wird nicht mehr sein.

(vgl. anregend zur Sache die neuere französische Phänomenologie z.B. bei Emmanuel Levinas und Jean-Luc Marion: BERNHARD WALDENFELS, Phänomenologie in Frankreich, Frankfurt a.M. 1987, 218–265; TOBIAS SPECKER, Einen anderen Gott denken? Zum Verständnis der Alterität Gottes bei Jean-Luc Marion, Frankfurt a.M. 2002; vgl. grundsätzlich zu einer Theologie der Diakonie auch: BEATE HOFMANN/BARBARA MONTAG [Hg.], Theologie für Diakonie-Unternehmen: Funktionen – Rollen – Positionen, Stuttgart 2018; vgl. zu einer theologisch anschlussfähigen Philosophie des Begehrens bzw. Verlangens exemplarisch: JÖRG DISSE, Desiderium. Eine Philosophie des Verlangens, Stuttgart 2016).

Wie denken wir die Zukunft der Kirche?

Beate Hofmann

Armer, älter, kleiner, mit wachsendem Relevanzverlust und einer immer weniger verstandenen Botschaft?

Die Prognosen und manche Medien legen das nahe. Aber aus einer derart depressiven Haltung wächst keine Kraft, um den Auftrag zu gestalten, den Jesus seiner Kirche gegeben hat. Umgekehrt führen Durchhalteparolen wie „Wachsen gegen den Trend"[1], Tröstung durch das Senfkorngleichnis und ähnliches schnell in Erschöpfungsdepression.[2]

---

[1] Wilfried Härle/Jörg Augenstein/Sibylle Rolf/Anja Siebert, Wachsen gegen den Trend. Analysen von Gemeinden, mit denen es aufwärtsgeht, Leipzig ⁴2012.

[2] Günter Thomas, Im Weltabenteuer Gottes leben. Impulse zur Verantwortung für die Kirche, Leipzig 2020, 27: „Deutlich ist nur: Die Vorstellung eines fröhlichen Gesundschrumpfens, ein Weg zu ‚klein aber fein', zur ‚Elitenbildung' (Thies Gundlach) ist eine Illusion – solange nicht die Weichen theologisch anders gestellt werden". Verwechselt oder überspringt die Kirche die Differenz von (bereits geschehener) Versöhnung zur (noch ausstehenden) Erlösung, hat das fatale Folgen: „Wer von Menschen und nicht von Gott ‚Erlösung jetzt' fordert, hat langfristig nur drei Optionen: 1. Depression und Enttäuschung; 2. weltflüchtige Selbstillusionierung; 3. Gewalt" (Günter Thomas, Im Weltabenteuer Gottes leben, 86). „Das Experiment der Selbsttröstung durch Selbstradikalisierung (‚Wir sind eben so wenige, weil wir entschlossen radikal sind!') ging in der Religionsgeschichte selten gut aus. Gedankenloses Schrumpfen wird in Kümmerlichkeit, Neid und Bitterkeit und zuletzt in moralischer

„Geht hin, dahin, wo Menschen euch besonders brauchen, geht hin, wo Gott uns jetzt besonders braucht." So verstehe ich die *missio Dei* und die Haltung, die daraus entspringt. Ich nenne das missionale Kirche[3]. Dazu gehört für mich, fokussieren zu lernen und dabei den Blick für die Vielfalt von Zugehörigkeit und Kommunikation des Evangeliums nicht verlieren. Es heißt, mit dem zu arbeiten, was da ist und das möglichst sinnvoll einzusetzen.[4]

Das ist auch ein Perspektivenwechsel: Nicht vordergründig auf „Mitgliedschaft" fixiert sein, sondern auf den Auftrag, im Vertrauen darauf, dass eine angemessene Erfüllung des Auftrages auch attraktiv macht. Das Evangelium plausibilisiert sich selbst, was es aber nur kann, wenn

---

Selbstimmunisierung enden" (Günter Thomas, Im Weltabenteuer Gottes leben, 296). Seine Therapie: „Entdeckt die Kirche ihren Ort im Weltabenteuer Gottes, so kann sie beides überwinden, die Selbstillusionierung und die Erschöpfungsdepression" (Günter Thomas, Im Weltabenteuer Gottes leben, 5).

[3] Das Konzept der „missionalen Kirche" wurde im Kontext postkolonialer Theologie und für ein neues Verständnis von „Misison" entwickelt. Initial dafür waren die fünfte Weltmissionskonferenz in Willingen 1952, die den Begriff der „missio dei" prägte, außerdem das zweite Vaticanum mit dem Gedanken der pilgernden Kirche und Karl Barths Verständnis von „Mission". Grundlegend: David Jacobus Bosch, Transforming Mission. Paradigm Shifts in Theology of Mission, Maryknoll 1991 (auf Deutsch: Mission im Wandel. Paradigmenwechsel in der Missionstheologie, Gießen 2012) und Darrell Likens Guder, Be My Witnesses. The Church's Mission, Message, and Messengers, Grand Rapids 1985.

[4] Im Hintergrund steht das Konzept der „effectuation". Das ist ein Managementkonzept, das Führen in Situationen großer Unsicherheit beschreibt und von den vorhandenen Ressourcen aus pragmatische Strategien entwickelt. Michael Faschingbauer, Effectuation. Wie erfolgreiche Unternehmer denken, entscheiden und handeln, Stuttgart 2010; vgl. auch Michael Faschingbauer, www.effectuation.de, Zugriff am 22.09.2021.

es auch zu hören, oder besser: zu erleben ist. Dabei geht es nicht einfach nur um eine neue Sprache oder neue Kontaktflächen. Auch die Gestalt von Kirche kommuniziert Evangelium. Es ist ein Habitus, der nicht von einem Besitz von Wahrheit ausgeht, der „verkündigt" wird, sondern sich im gemeinsamen Hören und im Diskurs entwickelt. „Kirche" erscheint hier nicht als vorgegebene Größe oder als Resultat, sondern selbst als ein Prozess.

Welche Bilder von Kirche können einen solchen Haltungswechsel anregen und befördern? Das ist eine Frage, die mich im Moment umtreibt. Aus meiner Sicht können es keine Bilder sein, die Abgeschlossenheit oder hierarchische Beziehungsgefüge implizieren. Also nicht so etwas wie „alle in einem Boot" oder „ein Schiff, das sich Gemeinde nennt", das von einer starken Kapitänin gesteuert wird durch das Meer der Zeit, oder die Bilder von Hirte und Herde, die sagen „einer kennt den Weg, folge nur und vertraue". Wir sind ja Schafe und Hirte zugleich und folgen einem, der selbst Lamm Gottes ist; das Evangelium sprengt hier die Bilder. Auch Familienbilder sind angesichts der Vielfalt von gelebten Familienformen und der Ambivalenz von Familie als Ort starker Beziehungen, aber auch starker Kränkungen und Verletzungen aus meiner Sicht nur bedingt hilfreich.

Wir brauchen dynamische Bilder von Kirche, die vielfältige Zugänge, Komplexität und Unabgeschlossenheit eröffnen: Kirche als Salz der Erde, als Herberge und Oase auf dem Lebensweg, als Moderatorin an einem Tisch, an dem ganz verschiedene Menschen ins Gespräch kommen, miteinander essen und trinken und über schwierige Lebenserfahrungen sprechen können; Kirche als Haus der Vielfalt mit vielen Wohnungen oder besser als offener Pavillon in Gottes buntem Garten oder als agiles Netzwerk, als Sorgenetz und *caring community*, und vor allem als *safe space* für Menschen mit Gewalterfahrung. All diese Bilder brauchen auch Brechungen, wie ja auch der Leib Christi die Wunden des Todes am Kreuz trägt und nicht eine heile Welt vorgaukelt. Kirche ist nicht einfach ein starkes Zuhause, ein sicherer Hafen, eine feste Burg gegen alle Erschütterungen dieser Welt; Kirche muss sich auch mit Infragestellungen und Verletzungsgeschichten auseinandersetzen, auch Verletzungen, die im Raum der Kirche geschehen sind. Dabei lebt die sichtbare Kirche aus einer Verheißung gelingender Gemeinschaft.[5]

Verwandlung, Transformation, Unabgeschlossenheit und Fragmentarität sind also nicht Defiziterfahrungen von Kirche, sondern gerade das, was Kirche ausmacht: Dafür steht ja das Kreuz, als der Endpunkt historischer Erfahrung, der zugleich aber eine Offenbarung einer anderen, einer eschatologischen Erfahrung ist.

Wir stehen vor den geistlichen Herausforderungen, in den Erfahrungen von Kleinerwerden, von Substanz- und Relevanzverlust jene Geschichte zu erkennen, von der wir herkommen:

Eine Geschichte der Verwundung, die immer auch eine Geschichte von Trauer und Trauerbewältigung ist. Mit einer solchen Trauerbewältigung hat es auch begonnen, damals in Emmaus. Das heißt: Wir werden einer neuen Gestalt von „Kirche" nur ansichtig, wenn wir diesen Trauerprozess auch zulassen und ihn nicht, in Vorweg-

---

[5] Bei Bultmann wird das, in Aufnahme seiner Interpretation von Paulus, eingeschrieben in eine Dialektik von Fleisch und Geist, die sich auf der Bühne des Leibes, des Soma, abspielt, auch des Somas der Kirche. Sie ist fragmentarisch, auf Verheißung angelegt, die als Kerygma erscheint (vgl. RUDOLF BULTMANN, Theologie des Neuen Testaments, Tübingen [8]1980, 193–203, bes. 202).

nahme des eschatologischen Zieles, überspringen. In die Frage nach der Zukunft der Kirche ist die Frage nach dem Abschied von Kirche immer eingebunden. Eine neue Gestalt von Kirche kommen lassen bedeutet immer auch: eine alte Gestalt von Kirche fröhlich gehen lassen. Die Botschaft lautet ja letztlich ganz schlicht: Sie ist längst da, wie im Leib des Gekreuzigten der Leib des Auferstandenen schon da war – freilich immer im Rückblick. Der Zeitgenossenschaft erschließt sich das Neue nicht einfach, es will entdeckt werden. Die Frage nach der Zukunft der Kirche ist also eine Frage des genauen Hinsehens und Hinhörens, des Zulassens von Neuem, das immer auch etwas Fremdes und bisher Unbekanntes ist. Das ist eine große Herausforderung, die in der Gestalt vieler Herausforderungen erscheint.

Was heißt „Kirche sein" mitten in einem Prozess der Umwandlung, dessen Ende eben nicht einfach zu erkennen ist? Am deutlichsten wird das für mich in der Frage nach der Volkskirche.

Taugt das Paradigma der Volkskirche noch als Orientierungsmuster für kirchliches Handeln? „Volkskirche qualitativ weiterentwickeln", das habe ich als Leitmotiv eines Reformprozesses in meiner Landeskirche angetroffen. Die Reformbemühungen konzentrierten sich zuerst auf den Umgang mit Ressourcen und mit Strukturen. Jetzt reflektieren wir auch den Auftrag, den wir als Kirche haben, und die Formen, in denen dieser Auftrag nachhaltig, mit Ausstrahlung, in Kooperation mit verschiedenen Partnern, neue Kontaktflächen öffnend, Menschen motivierend und Beteiligung eröffnend gestaltet werden kann. Die Frage nach dem Auftrag generiert Kriterien, nach denen wir beschreiben können, wie Kirche agiert und sich ereignet, und nicht bloß, wie sie „ist". Wir setzen nicht einfach einen Auftrag um, um Kirche zu gestalten, sondern wir gewinnen die Gestalt von Kirche, wenn wir dem Auftrag folgen.

Im Paradigma der Volkskirche stecken ganz unterschiedliche Facetten. Die Kirche *des* Volkes bzw. der Bevölkerung sind wir sicher nicht mehr im Sinn von der alleinigen Repräsentanz von Weltdeutung und Sinnangebot. Auch jeder nationalistische Anklang verbietet sich. Die Kirche ist nicht identitär als abgeschlossener Raum zu denken, sondern lebt in Vielfalt in einer offenen Gestalt.[6] Kirche für das Volk und mit dem Volk sein, das beschreiben wir heute eher als Kirche mit den Menschen und manchmal „für die Menschen" im Sinne einer öffentlichen Theologie, durch die Kirche die Stimme erhebt für Menschen, deren Situation nicht wahrgenommen wird, für ihre Würde und ihre Menschenrechte.

Volkskirche als Konzept einer pluralen Kirche, in der es unterschiedliche Formen der Zugehörigkeit, der Frömmigkeit und der Beteiligung gibt, das ist nach wie vor eine zentrale Dimension unseres Kircheseins. Sie fordert uns heraus, neu über Zugehörigkeit und Mitgliedschaft, über die Rolle von Kasualien, über verschiedene Gemeindeformen, über das Miteinander von verfasster Kirche und organisierter Diakonie nachzudenken. Volkskirche wird heute mit Präsenz in der Öffentlichkeit verbunden, auch in Situationen, wo Christ*innen in der Minderheit sind.[7]

Volkskirche steht auch für Erreichbarkeit und Erkennbarkeit für möglichst viele Menschen durch Präsenz vor

---

[6] Vgl. Gal 3,28.

[7] Preul verweist in diesem Zusammenhang auf christliche Publizistik, Religionsunterricht und Kulturangebote (vgl. REINER PREUL, Art. Volkskirche, IV. Praktisch-Theologisch, in: RGG⁴ Bd. 8, 2005, 1186 f.).

Ort, möglichst in jedem Dorf und jedem Stadtteil. Volkskirche impliziert die Akzeptanz verschiedener Frömmigkeitsstile und intensives diakonisches Engagement. Mitten in der Welt, nah bei den Menschen, ihre Feste mitgestaltend, für sie da, wenn Menschen uns brauchen, das ist das Ideal, das sich mit Volkskirche verbindet. Werden wir das in Zukunft weiter leben und gestalten können? Ist die Vorstellung von Volkskirche als „in der Fläche präsent sein" noch hilfreich?

In einer ländlich strukturierten Kirche wird Kirche am Ort als identitätsstiftend erlebt, auch wenn sie schon lange nicht mehr automatisch der Mittelpunkt des dörflichen Lebens ist. Doch es ist eine offene, auf Erweiterung angelegte Identität. So kann sie ein lebendiger Knoten in einem Netzwerk sein, das Halt gibt, Beziehungen organisiert und Sorge füreinander ermöglicht. Sie kann das aber nur noch vernetzt mit anderen Ortsgemeinden sein, in Kooperation und gegenseitiger Ergänzung. Das bedeutet, dass nicht mehr alles an jedem Ort stattfindet. Konfirmandenarbeit, gottesdienstliches Leben, kirchenmusikalisches Leben, diakonische Aktivitäten müssen regional gedacht und geplant werden. Das zu akzeptieren, fällt vielen Menschen noch schwer und ist vielleicht die eigentliche mentale Herausforderung für ein protestantisches Verständnis von Kirche, das Gemeinde allzu schnell als Ortsgemeinde in Gleichsetzung mit Dorfgemeinde versteht und andere Gemeinschaftsbildungen, auch im virtuellen Raum, übersieht.

Zu den Herausforderungen gehört auch die Frage nach angemessenen Strukturen und Verwaltungsformaten für diese Form von Kirchesein. Die staatsanaloge Behördenstruktur mit ihren Routinen erweist sich gerade in Krisensituationen oft als schwerfällig und zu langsam. Digitalisierung bringt hier Agilisierung mit sich und das verändert Führungsaufgaben und Entscheidungsarchitekturen. Digitalisierung, das haben wir gerade in der Pandemie erlebt, verändert Hierarchien und Machtkonstellationen; sie hat disruptiven Charakter vor allem für Institutionen und Organisationen, die zu zentralistischem Denken neigen.

Welche Lernerfahrungen birgt in all dem die Coronapandemie?

Ich nehme die Pandemie nicht nur als massive Krise, sondern auch als Kairos für Veränderung wahr. Noch nie seit dem Zweiten Weltkrieg gab es in einer (west-) deutschen Kirche eine so massive Disruption des kirchlichen Lebens. Das hat zu neuen Fragen nach der Relevanz und Präsenz von Kirche geführt, aber auch zu viel Kreativität und Bewegung, zu einem *unfreeze* von Strukturen und Routinen. Im Bereich des gottesdienstlichen Lebens hat es interessante Aufbrüche gegeben; im Bereich der Seelsorge hören wir einen deutlichen Ruf nach der Präsenz von Kirche an Sterbebetten, in Pflegeeinrichtungen und Krankenhäusern. Die gelebte Präsenz ist hier sehr unterschiedlich gestaltet worden. Dagegen sind die Chancen digitaler Seelsorgeformate und damit die Rolle, die digitale Präsenz spielen kann, theologisch noch nicht wirklich bedacht worden. Im Bereich gelebter Diakonie gibt es kreative Aufbrüche und schmerzhafte Abbrüche. Und im Moment gibt es viele Sorgenthemen:

Kirchenmusik, Ehrenamt, Jugendarbeit, erschöpfte finanzielle und personelle Ressourcen: Wir haben viel über die Bedeutung von Räumen gelernt, von virtuellen wie realen, offenen Kirchen und sozialen Räumen der Begegnung nicht nur für junge Menschen. Sozialraum ist ein Konzept, das vielerorts neu buchstabiert wird, das Bilder gelebter Gestalt von Kirche braucht und Erfahrungen, wie es gehen kann.

Jetzt stehen wir an einem interessanten Punkt: Überall muss jetzt entschieden werden: Was von dem, was wir vor der Pandemie gemacht haben, nehmen wir jetzt wieder auf? Was lassen wir bleiben? Was von dem, was wir neu entdeckt haben, führen wir weiter? Was haben wir durch die Pandemie für unser Kirchesein in der Zukunft gelernt? Wo ist das Neue im Alten, das wir eben nicht machen, aber geistesgegenwärtig ergreifen können?

Überlegungen zur Krise des Christentums in Europa[1]

Tom Kleffmann

Im Folgenden möchte ich erstens die Dimension der Krise der christlichen Kirchen in Europa skizzieren und etwas zum Verhältnis ihrer soziologischen, philosophischen und theologischen Wahrnehmung sagen. Zweitens möchte ich Grundzüge der Geschichte dieser Krise und ihrer Bearbeitung beschreiben und versuchen, sie geschichtsphilosophisch und geschichtstheologisch einzuordnen. Und drittens schließlich werde ich einen kurzen Ausblick auf die daraus resultierende Aufgabe der Theologie geben.

---

[1] Dieser Beitrag ist eine überarbeitete und gekürzte Version eines Vortrages, den ich 2018 in Urbino gehalten habe. Unter dem Titel „Die gegenwärtige Krise des Christentums in Europa – im Kontext von Hegels Religionsphilosophie" wurde er veröffentlicht in: Giacomo Cerretani/Giacomo Rinaldi (Hg.), Etica, Politica, Storia Universale. Atti del congresso Internazionale (Urbino, 24–27 ottobre 2018), Canterano 2020, 355–374. Mit freundlicher Genehmigung von Aracne Editrice konnte der Beitrag hier erneut abgedruckt werden.

1 Säkularisierung, Individualisierung, Pluralisierung? Soziologische und theologische Dimensionen der Krise

In Deutschland und im überwiegenden Teil von Europa erfährt die Kirche eine Krise – in Afrika, Asien und Lateinamerika dagegen nicht.[2] Betrifft sie tatsächlich nur das Christentum in Europa, oder hat sie eine paradigmatische Bedeutung für die Weltkirche, so dass sie auch diese früher oder später ergreifen wird? Diese Krise stellt die institutionelle Struktur der Volkskirche (evangelisch wie römisch-katholisch) in Frage[3]; in manchen Gegenden ist sie weitgehend zerstört. Wie ist die Krise zu verstehen? Was ist ihr Grund? Eine erste These ist: Theologisch verstanden ist es insbesondere der Verlust an überzeugender, verbindender Verkündigung und Lehre, der sich in wachsen-

---

[2] Während sich die Kirche in Deutschland und Europa in einer inneren und äußeren Krise befindet, wächst sie in Afrika, in Asien und Lateinamerika, und zwar insbesondere – wenn man (anders als z. B. Ulrich H. J. Körtner, Ökumenische Kirchenkunde, Leipzig 2018, 40–43) die vielfältige pfingstliche und charismatische Kirchenbewegung dazu rechnen möchte – die im weitesten Sinn evangelische Kirche (vgl. auch Hans-Peter Grosshans, Gemeinschaft der Glaubenden in moderner Zeit. Die evangelische Kirche in Zeiten der Säkularisierung, Individualisierung und religiösen Pluralisierung, in: Christof Landmesser/Enno Edzard Popkes [Hg.], Kirche und Gesellschaft. Kommunikation – Institution – Organisation, Leipzig 2016, 41–58, 43). Im katholischen und orthodoxen Osteuropa sowie in Nordamerika ist die Situation der Kirche dagegen mehrdeutig.

[3] Das gilt auch trotz beträchtlicher regionaler Unterschiede (vgl. Birgit Weyel, Kirchenmitgliedschaft als soziale Praxis, in: Christof Landmesser/Enno Edzard Popkes [Hg.], Kirche und Gesellschaft. Kommunikation – Institution – Organisation, Leipzig 2016, 13–26, 16), die einer eingehenden Analyse wert wären.

der Distanz vieler Kirchenglieder äußert, bis hin zum Kirchenaustritt. Wenn sich im christlichen Glauben der Menschwerdung Gottes und seines trinitarischen, Welt und Geschichte umfassenden Lebens tatsächlich die Bestimmung des Menschen erschließt, so scheint sich dieser Gedanke nicht mehr sprachmächtig vermitteln zu können. Die traditionelle Sprache der Lehre, wenn sie überhaupt noch vertreten wird, scheint unverständlich. Sie vermag es nicht mehr, als überzeugende Interpretation der Welt und der Geschichte im Ganzen aufzutreten.

Die Krise ist theologisch also primär als Krise der Sprach- und Denkmöglichkeit des christlichen Glaubens und der christlichen Lehre zu verstehen, und erst sekundär als Krise der Struktur der Volkskirche. Die Reaktionen der Institution beziehen sich dagegen (jedenfalls in Deutschland) oft nur auf ihren faktischen Schrumpfungsprozess und die durch ihn ausgelöste Finanzkrise, die eine Reorganisation nötig macht. Wird überhaupt weiter gefragt, wird auch innerkirchlich die Frage häufig nicht theologisch gestellt (d.h. im Blick auf das Gottesverhältnis), sondern soziologisch verstanden.[4] Im Hintergrund stehen dann Varianten der alten soziologischen und vulgärphilosophischen Säkularisierungshypothese. Als im Prinzip unveränderliche Ursache von Kirchenaustritten und Distanz der Mitglieder kann dann die allgemeingesellschaftliche Dynamik wachsender Individualisierung und Pluralisierung erscheinen, die auch das religiöse Leben ergreife – und parallel zu einer allgemeinen Tendenz der Säkularisierung des Denkens zu verstehen sei. Indivi-

---

[4] Zur Dominanz der soziologischen Perspektive und dem Weiterwirken der Säkularisierungshypothese vgl. auch HANS-PETER GROSSHANS, Gemeinschaft der Glaubenden, 41 f. 47.

dualisierung (aus der regelmäßig Pluralisierung folgt)[5] und Säkularisierung gelten als zwei Seiten derselben Entwicklung aufgeklärter Gesellschaften: Das sich durchsetzende Prinzip der Selbstbestimmung des Individuums widerspricht nicht nur der selbstverständlichen Verbindlichkeit von kirchlicher Lehre oder Religion, sondern es entspricht der Orientierung des Lebens an der autonomen Vernunft. Ob diese Festlegung vernünftig ist, muss freilich strittig sein.

Zudem wird diese verbreitete These teilweise konterkariert[6] durch die neuere soziologische Feststellung, dass Individualisierung nicht notwendig zu einer Säkularisierung des Lebens und Denkens der Individuen führt, wohl aber zu einer Säkularisierung des öffentlichen Lebens, der Gesellschaft, des Staates.[7] Das heißt, es kommt nicht zum Untergang der religiösen Dimension überhaupt, sondern zu einer Individualisierung (oder auch Privatisierung) von Religion.[8]

---

[5] Zur Pluralisierung einer Gesellschaft können freilich (wie in Deutschland und Europa der letzten Jahrzehnte) auch äußere Faktoren wie Migration führen.

[6] Vgl. Ulrich Beck, Der eigene Gott. Von der Friedensfähigkeit und dem Gewaltpotential der Religionen Frankfurt a. M. 2008, 37.

[7] Entsprechend ist seit den 60er Jahren mit Thomas Luckmann von einer religiösen Individualisierung die Rede (vgl. Thomas Luckmann, The invisible Religion, New York 1967).

[8] Niklas Luhmann vertritt eine modifizierte Säkularisierungsthese, nach der die Religion als solche zwar weiter besteht, gesellschaftlich übergreifende Systeme wie Wirtschaft, Wissenschaft und Politik jedoch säkularisiert werden (vgl. z. B. Niklas Luhmann, Die Religion der Gesellschaft, Frankfurt a. M. 2000, 278–319). Dass darin letztlich aber doch auch ein Bedeutungs- und Sprachverlust der Religion selbst liegt, deutet in verschiedenen Arbeiten Detlef Pollack an (z. B. Detlef Pollack, Säkularisierung – ein moderner Mythos, Tübingen 2003).

Doch ist die soziologische Perspektive noch einmal philosophisch und theologisch zu reflektieren. Die These einer geschichtlich notwendigen Säkularisierung ist weder sozialhistorisch noch philosophisch und erst recht nicht theologisch zwingend. Individualisierung und Pluralisierung sowie Säkularisierung sind nicht quasi Naturgesetze der Entwicklung menschlicher Gesellschaft. Vielmehr sind Individualisierung, Pluralisierung und auch religionskritische Aufklärung als Aspekte einer umfassenderen Dynamik menschlichen Lebens und Denkens zu verstehen, die im Blick auf die Zukunft offen ist.

Ambivalent ist die Bedeutung der Globalisierung. Sowohl die globale Vernetzung von Information als auch die Entwicklung immer umfassenderer, komplexerer staatlicher und wirtschaftlicher Organisationsformen mögen zwar, indem sie die selbstverständliche Verbindlichkeit tradierter Gemeinschaftsformen in Frage stellen, fortschreitend das Individuum als Subjekt des politischen und wirtschaftlichen Handelns fordern und so in der Tat die Tendenz zur Individualisierung und Pluralisierung verstärken. Außerdem mag die zunehmend globale Herrschaft des wissenschaftlichen, technologischen Verstandes auf lange Sicht auch zu einer Globalisierung der Säkularisierung, also zu einer sprachlichen und kulturellen Ausgrenzung auch der Religionen führen, in deren kulturellen Raum sich die diesen Verstand entfesselnde Aufklärung bisher gar nicht entwickelt hat. Doch wieso sollte es ausgeschlossen sein, sofern insbesondere die globale Möglichkeit der Information zugleich ein umfassenderes menschheitliches Gespräch ermöglicht, dass sich darin auch entsprechend umfassend erneut der Geist von Gemeinschaft vermittelt?

2 Grundzüge der Geschichte der Krise
und ihrer Bearbeitung

Die These ist: die soziologisch zu beobachtende Individualisierung und Pluralisierung ist Ausdruck einer Sprach-
not oder relativen Sprachlosigkeit des christlichen Glaubens, die aus ihrer Geschichte zu verstehen ist. Die
mangelnde Fähigkeit sich zu explizieren bedeutet zunächst, dass sich eine mit dem Anspruch der Aufklärung
auftretende Kritik entweder an der selbstverständlichen
Gültigkeit des christlichen Verständnisses von Mensch,
Welt und Gott oder auch an diesem Verständnis selbst allgemein durchsetzt.

Dabei sind es der Verstand und die Vernunft des sich in seiner
Autonomie reflektierenden Menschen, des Menschen für sich,
die sich in dieser Kritik äußern. Der Verstand missversteht den
christlichen Glauben als Aussage auf der Ebene positiven Wissens (was übrigens nicht ausschließt, dass auch dieser selbst sich
entsprechend missversteht). Sofern aber das Subjekt des Verstandes darin zur Vernunft kommt, dass es seine Grenze reflektiert
und darüber hinaus fragt, scheint es die Sprache des Glaubens
zunächst nicht zu verstehen.

Die Frage ist, ob sich diese Entwicklung im Rahmen einer
theologisch geistesgeschichtlichen Logik verstehen lässt.
Einen solchen Verständnisversuch möchte ich im Folgenden skizzieren. Einmal vorausgesetzt, dass die Wahrheit
des Christentums der Geist der Gemeinschaft von Gott
und Mensch ist, der sich in der Verkündigung der Menschwerdung Gottes und seines trinitarischen Lebens aus-
spricht und vermittelt – worin könnte dann die Notwendigkeit der Aufklärung und ihres Zurückkommens auf
Erkenntnis und Selbstbestimmung des natürlichen Menschen, des Menschen für sich liegen? Sie liegt darin, dass

dieser Geist die menschliche Reflexion in sich voraussetzt, die weltumfassende Negativität des Fürsichseins, um sich in ihr zu vollziehen[9] – und zwar nicht nur einmal (so wie es die christliche Lehre im Tod Christi vorstellt), sondern auf je neuen Sprach- oder Reflexionsebenen immer wieder. Das Unverständnis des Verstandes wäre also als Modus der erneuten, kulturbildenden Reflexion in sich zu verstehen, in deren Vollzug es zu einer Entzweiung des Bewusstseins kommt: Auf der Seite der Aufklärung steht das freie Weltbewusstsein und seine vernünftige Reflexion, die aber in Bezug auf das Ganze der Wirklichkeit ohne Inhalt ist. Auf der anderen Seite steht der ältere religiöse Glauben, der das Absolute (seine Teilhabe als Geist) als Inhalt hat, sich aber gegenüber Verstand und Vernunft nicht mehr explizieren kann. Das bedeutet zunächst einfach, dass das Subjekt des herrschenden Verstandes die christliche Rede von Gott, die Sprache des Evangeliums nicht versteht. Da aber das verstandesmäßige Weltverstehen kulturprägend ist, kommt es auch bei Christen zur Spaltung des Bewusstseins in das verstandesmäßige Weltverstehen und das Verstehen des Glaubens. Es kommt zu einer Isolation der Glaubenssprache, zu einer Verdopplung der Identität, im Verlauf derer umso mehr die Gefahr besteht, dass sich der Glaube verflüchtigt und dem Unverständnis des Verstandes unterliegt, je weniger es gelingt, die Sprachebene des Glaubens konkret mit dem das tägliche Leben und Handeln bestimmenden Verstand zu vermitteln.

---

[9] Eine knappe Erläuterung des Grundzusammenhangs, wie ich ihn verstehe, findet sich in: Tom Kleffmann, Kleine Summe der Theologie, Tübingen 2021, § 1–2, 1–10.

Einige Elemente der Geschichte dieser Entwicklung,
d.h. der Krise und ihrer philosophischen und theologischen Bearbeitung, möchte ich nun konkreter darstellen.

Die kulturelle Bewegung der aktuellen Krise des Christentums in Europa geht mindestens bis auf das 18. Jahrhundert mit der Aufklärung zurück. Andererseits diagnostiziert schon Luther die Schrumpfung der (wahren)
Kirche, eine existenzielle Krise des Glaubens sowie einen
entsprechend verbreiteten religiösen Individualismus und
Pluralismus; die Überwindung könne nur darin liegen,
dass Gott sein Wort, indem dies in seinem Tod als Mensch,
also im Kreuz als der äußersten Krise begründet ist, erneut wirken lässt. Luther macht diese Einsicht 1524 zum
Grundgesang der reformatorischen Kirche:

„Ach Gott, vom Himmel sieh darein und lass dich des erbarmen,
wie wenig sind der Heilgen dein, verlassen sind wir Armen.
Dein Wort man lässt nicht haben wahr, der Glaub ist auch verlo-
schen gar bei allen Menschenkindern.

Sie lehren eitel falsche List, was eigen Witz erfindet; ihr Herz
nicht eines Sinnes ist in Gottes Wort gegründet; der wählet dies,
der andre das, sie trennen uns ohn alle Maß [...].

Darum spricht Gott: ‚[...] Mein heilsam Wort soll auf den
Plan, getrost und frisch sie greifen an [...].‘

[...] Es will durchs Kreuz bewähret sein, da wird sein Kraft
erkannt [...].“[10]

Dass der Mensch sich selbst erneut erfahren, finden, reflektieren muss oder will und das in der biblischen, kirchlichen Sprache der Gottesgemeinschaft nicht ohne weiteres kann – dies als allgemeine, kulturelle Bewegung
verstanden – war schon ein Erbe des sog. Mittelalters und
die entscheidende Herausforderung der Reformation.

---

[10] Die Lieder Martin Luthers, Spröda 2013, Nr. 13; vgl. EG 273.

Doch die Krise, welche die Reformatoren diagnostizierten, bestand nicht (wie heute) in der Auswanderung des natürlichen, sein Fürsichsein feststellen müssenden Menschen aus der Kirche. Sondern sie bestand darin, dass die kirchliche Lehre selbst insgeheim der Logik des natürlichen Menschen (den Gesetzen seiner Selbstbestimmung) unterworfen und damit als Gottesverständnis pervertiert worden war.

Die darauf reagierende Reformation der Lehre und Kirche – in einem gewissen Umfang und zeitverzögert ergreift sie auch die katholische Kirche – lässt sich zum einen als relative Überwindung der Krise verstehen, welche auch in der breiten kulturellen Basis bis in das 19. und 20. Jahrhundert hinein mehr oder weniger stabil blieb. Insofern ist die Aufklärung des 17. und 18. Jahrhunderts eine neu einsetzende Reflexion des Menschen in den ihm wesentlichen Verhältnissen zur Welt, zum anderen Menschen, und zu Gott – eine Reflexionsbewegung, die aber zunächst nur eine relativ kleine, städtische Avantgarde betraf. Zum anderen läuft aber die ältere kulturelle Bewegung der Wiederentdeckung des natürlichen Menschen und seiner Selbstbestimmung in bestimmten Strömungen auch durch und mündet in die Aufklärung ein. Der Mensch setzt sein Selbstverhältnis methodisch allen erkenntnismäßigen und praktischen Verhältnissen voraus.

Die Kritik des Verstandes an den biblischen, mythischen Vorstellungen eines irdischen Wirkens Gottes ist spätestens im 18. Jahrhundert voll ausgebildet. Mit der Philosophie Kants ist zwar zum einen grundsätzlich auch die Selbstkritik der Verstandestätigkeit in Gestalt einer Vernunft ausgebildet, die die (logische und praktische) Identität des Subjekts als Funktion und absolute Grenze der Welterkenntnis des Verstandes realisiert und nun viel-

leicht neu nach einem (mit dem Namen Gott verbundenen) Sinn des Ganzen und nach der Bestimmung der
menschlichen Geschichte fragt. Doch zum anderen zeigt
sich auch das volle Unverständnis dieser Vernunft gegenüber dem biblischen ‚Kirchenglauben‘ an einen kondeszendierenden, menschlichen Gott.

Diesem Unverständnis und zugleich der relativen Un-
fähigkeit der christlichen Predigt, ihm abzuhelfen, entspricht nun auch die Möglichkeit einer ausdrücklichen
Gottlosigkeit. Während diese im ursprünglich überwie-
gend katholisch geprägten Frankreich sogleich in Gestalt
eines philosophisch-theoretischen Atheismus auftrat[11],
begegnet die Gottlosigkeit des Verstandes und der Vernunft im evangelischen Deutschland zuerst gerade in der
tradierten Sprache des Gottesverhältnisses, als abgründi-
ger, entsetzter Schrecken der Heillosigkeit.

Hier ist die als Traum stilisierte „Rede des toten Christus vom
Weltgebäude herab, dass kein Gott sei" des Pfarrerssohns und
ehemaligen Theologiestudenten Jean Paul in seinem Roman
„Siebenkäs" (1796) zu vergleichen – eine hellsichtige Diagnose
des sich vortheoretisch einstellenden Zweifels Vieler in den
Kreisen der ‚aufgeklärten‘ Bevölkerung.

Die in eine leere Ewigkeit hinein auferstehenden Toten fragen
Christus, den Menschen: „Christus, ist kein Gott?" Und ein
selbst verzweifelter Christus, dem überall kein Gott sondern
nur eine „leere Augenhöhle" begegnete, antwortet: „Es ist kei-
ner". „Wir sind alle Waisen, ich und ihr, wir sind ohne Vater" –
der Mensch nur „ein Seufzer der Natur".[12]

Hier wird die Verstandeskritik als Reflexion in ihrem letzten,
sozusagen existenziellen Aspekt vollzogen – ihre Bedeutung für

---

[11] In Frankreich tritt der theoretische Atheismus bekanntlich
bereits mit La Mettrie, d'Holbach und Diderot auf.

[12] JEAN PAUL, Siebenkäs, hg. v. CARL PIETZCKER, Stuttgart 1983,
298–300.

das Lebenssubjekt, das sich zuvor im Evangelium verstand, als Leiden des Fürsichseins.[13]

Im evangelischen Kulturraum wird seit Ende des 18. Jahrhunderts vor allem im kritischen Anschluss an Kant an der Überwindung der Krise gearbeitet – also an der Sprachlosigkeit des christlichen Glaubens angesichts der Kritik des Verstandes und am Unverständnis der Vernunft gegenüber dem Glauben. Geleistet wurde diese Arbeit zunächst von beiden Seiten – von Seiten einer Vernunft, die noch an der Theologie interessiert ist, und von Seiten einer Theologie, die sich von der aufgeklärten Vernunft herausgefordert findet.

Für die theologische Seite steht zunächst J. G. Hamann, der die Selbstvergötterung des Subjekts der allgemeinen Vernunft kritisiert, sowie den Versuch der Vernunft, sich von der ihr konstitutiven Geschichte des Gespräches, von der Sprache zu reinigen. Philosophisch aber konnte nicht nur Kants kritische Einsicht in den Funktionszusammenhang von allgemeiner Subjektivität und Verstandeserkenntnis (sowie seine Idee einer reinen menschlichen Gemeinschaft des Geistes) neu die vernünftige Frage nach einem Logos begründen, in dem die Einheit von Subjektivität und Objektwelt zu begreifen ist. Sondern nach dem mit Kant gegebenen Ende des klassisch metaphysischen Gottesbegriffs konnte sich diese Frage neu an die Wahrheit der Religion verwiesen finden – genauer gesagt an den Gott des Evangeliums: Hegel diagnostizierte 1802 „das Gefühl: Gott selbst ist todt" als „Gefühl [...] worauf die

---

[13] Ob der Text zugleich auch den Anfang einer Bewältigung und theologischen Bearbeitung der Krise bezeichnet, indem die Gottlosigkeit ausgesprochen wird und der vom Traum erwachende sich im Gebet rettet, mag hier dahingestellt bleiben.

Religion der neuen Zeit beruht", als Wahrheit des Subjek-
tes der aufgeklärten Vernunft, und verstand ihn als Aktu-
alisierung des Todes, den Gott selbst als Mensch stirbt,
um darin sein Leben zu erweisen, seine Auferstehung in
der Philosophie des Geistes.[14]

In der Tat stellt auch der sog. Deutsche Idealismus insgesamt eine Bearbeitung der Krise dar, indem er auf verschiedenen Wegen versucht, die Wahrheit des Mensch gewordenen Gottes mit der Vernunft der Aufklärung (sie
über sich hinaus führend) zu denken. Demgegenüber tritt
in Deutschland im Vergleich zu Frankreich der theoretische Naturalismus und Atheismus[15] zeitverzögert auf,
nämlich bereits im Widerspruch zu den Synthesen von
christlicher Lehre und autonomer Vernunft, wie sie der
Deutsche Idealismus vorstellt.

---

[14] Vgl. zu Hegels Rede vom Tod Gottes „Glauben und Wissen"
[1802], hier SW, 432; dazu EBERHARD JÜNGEL, Gott als Geheimnis
der Welt, Tübingen ⁸2010, 83 ff. (zu Jean Paul: EBERHARD JÜNGEL,
Gott als Geheimnis der Welt, 111 f.).

[15] Zwar bedeutete eine neue kultur- und sprachprägende Reflexion des Subjekts auch früher in ihrer ersten, das Weltverständnis neu
differenzierenden Phase den praktischen Atheismus (das Desinteresse) des Menschen, der durch seine Welterkenntnis zunächst sich
selbst sucht; sie konnte auch (wie z. B. die Durchsetzung der Jahwe-
verehrung in Israel oder der griechische Sophismus des 4. und 5.
Jahrhunderts v. Chr.) mit Religionskritik verbunden sein, also mit
der Aufklärung über das Verständnis der Götter oder Gottes als
Funktion menschlicher Identität. Doch schloss dies die Anknüpfung an ein älteres Gottesverständnis oder die Möglichkeit eines
neuen nicht theoretisch ausdrücklich aus. Bei der Wiederentdeckung der Vernunft des Menschen für sich in Mittelalter und Renaissance war die weltzugewandte Praxis mit der Annahme des
Schöpfergottes (kaum aber mit seiner in Christus gedachten Nähe
als Mensch) vereinbar und die entsprechende Reflexion des Subjekts
erlaubte noch eine kulturell und sprachlich Kontinuität bewahrende
Anknüpfung der Frage des Fürsichseins an die christliche Tradition.

Ich möchte auf Feuerbachs 1841 erschienenes Buch „Das Wesen des Christentums" nicht näher eingehen und nur behaupten, dass er, wenn er die Frage nach einem wesentlichen Verhältnis zum Anderen auf das Sozialverhältnis beschränkt und die menschliche Gemeinschaft zum wahren Gott erklärt, die Religionssurrogate von Kommunismus und Nationalismus antizipiert.

Dass sich die Vergottung der Menschheit, die der Negation Gottes entspricht, rational nicht nur ebenso gut sondern konsequenter auch auf den Einzelnen beziehen kann, indem dieser darin die ursprüngliche Lust unbegrenzter Selbstbestimmung genießt, zeigt schon zu derselben Zeit wie Feuerbach Max Stirner („Der Einzige und sein Eigentum").[16]

Rund vierzig Jahre später setzt Nietzsche in seinem naturalistischen Verständnis nicht nur der Natur, sondern auch des Geistes, der Religion usf., indem er sie als Funktion des faktischen Lebens versteht, den Atheismus zwar voraus.[17] Doch kommt es immerhin zu einer Reflexion des Erkenntnissubjektes als Subjekt des Lebens – zur Diagno-

---

[16] Dass er es auch expliziert, ist sein philosophisches Verdienst. „Man hat nicht gemerkt, daß der Mensch den Gott getötet hat um nun – ‚alleiniger Gott in der Höhe' zu werden. Das Jenseits außer Uns ist allerdings weggefegt, und das große Unternehmen der Aufklärer vollbracht; allein das Jenseits in Uns ist ein neuer Himmel geworden, und ruft Uns zu erneutem Himmelsstürmen auf" (das Jenseits in uns meint die dem alten Glauben noch entsprechenden moralischen Normen) (Max Stirner, Der Einzige und sein Eigentum [1845], Stuttgart 1972, 170). – Was oben zu Feuerbach gesagt wurde, dass er das Scheitern der idealistischen Synthese von Christentum und Vernunft anzeigt, gilt auch für Stirner, der wie Feuerbach bei Hegel (und Schleiermacher) studiert hatte.

[17] Es ist (gegen Eberhard Jüngel, Gott als Geheimnis der Welt, Tübingen ⁸2010, etwa 191–194. 280–283) zu betonen, dass sich sowohl Feuerbach als auch Nietzsche in ihrem Atheismus nicht nur auf den Gott der Metaphysik, sondern auch auf den zum Menschen kondeszendierenden Gott, den Gott am Kreuz beziehen.

se des unausweichlichen Nihilismus, wenn der Mensch nicht nur die objektive Sinnlosigkeit der Natur erkennt, sondern wenn er auch seine metaphysischen, moralischen, religiösen Deutungen des Lebens als Deutungen, als Funktion des faktischen Lebens reflektiert. Indem die kirchliche Lehre von Sünde, Vergebung, Jenseits etc. im Sinne Nietzsches nur als Lebensverneinung verstanden werden kann, sozusagen als verleugneter Nihilismus, ist für ihn die Kulturkrise des nun offensichtlichen Nihilismus nur durch die bewusst antichristliche Selbstvergötterung des menschlichen Individuums zu überwinden, der sich durch seine ästhetische Inszenierung des Lebens selbst schafft.

Ich beende den kleinen Exkurs zur Geschichte des neueren Atheismus und kehre zurück zur Geschichte der Arbeit an der Überwindung der Krise. Wie gesagt stellt bereits der sog. Deutsche Idealismus insbesondere Schellings und Hegels den Versuch dar, die Wahrheit des christlichen Glaubens als Wahrheit der Vernunft zur Geltung zu bringen. Karl Rosenkranz schreibt 1833 im Blick auf Hegels Religionsphilosophie, sie müsse

„der Religion wieder den Boden bereiten, [...] die Entzweiung der Reflexion zerstören, um das Gemüth für die Tiefe [...] der religiösen Versöhnung wieder empfänglich zu machen und durch die Begründung des Wissens den schwankend gewordenen Glauben wieder zu befestigen" – Hegels Philosophie müsse so interpretiert werden, dass sie „für die Wiederbeseligung der Geister durch das Christenthum [...] nachhaltige Wirkung"[18] tut.

---

[18] Zur Diagnose heißt es, „bei einem großen Theile unserer Zeitgenossen" sei „die alte kirchliche Gläubigkeit entwichen, [...] an ihrer Stelle" habe sich „tiefe Zerrissenheit des Gemuthes, Unsicherheit der religiösen Erkenntniß, trauriger Formalismus todter Orthodo-

Rosenkranz geht also nicht nur wie Hegel davon aus, dass
– entgegen der degenerierten Theologie der Gegenwart –
die Philosophie, die philosophische Darstellung der
Selbstvermittlung des Absoluten in Natur und Geschichte, die Vernunft des Glaubens der Inkarnation, des Todes
Gottes als Mensch, und schließlich der Trinität zur Geltung bringt. Sondern Rosenkranz meinte, dass die Philosophie Hegels auch für das real existierende Christentum
und seine kirchliche Praxis eine Regeneration bedeutet,
indem es zwischen Glaubenspraxis und freier Vernunft
hermeneutisch vermittelt.

Nehmen wir einmal an, dass die philosophische Refor-
mulierung des christlichen Glaubens im Anschluss an
Hegel diskutabel ist – das ist natürlich philosophisch und
theologisch strittig. Wieso ist dann die Erwartung eines
Karl Rosenkranz, dass sie das Christentum befördert,
aufs Ganze gesehen enttäuscht worden? Im Grunde ist ja
seit Hegels Diagnose der Entzweiung zwischen dem frei-
en Weltbewusstsein und seiner Reflexion zum einen und
dem religiösen Glauben, der seinen Gehalt nicht explizieren kann und daher zu verlieren droht, zum anderen[19],
die Grundsituation wenig verändert.

Hegel erhob (anders als der Schelling der späteren Of-
fenbarungsphilosophie) den Anspruch, die religiöse Sprache, die Gott als Anderen vorstellt, im notwendigen Denken des Absoluten aufzuheben und so die in Christus
vorgestellte Einheit oder Versöhnung von Gott und
Mensch allererst zu vollenden. Damit aber kritisierte er

---

xie" eingefunden (KARL ROSENKRANZ, Hegel's Religionsphilosophie, in: KARL ROSENKRANZ, Kritische Erläuterungen des Hegel-
schen Systems, Königsberg 1840, 217).

[19] Vgl. in der Phänomenologie des Geistes den Abschnitt „Der
Glaube und die reine Einsicht", SW 3, 391 ff.

nicht nur die sog. Sprache der Vorstellung, in der das glaubende Subjekt sein eigenes Wesen, die Versöhnung von
Gott und Mensch nicht begreift. Sondern er abstrahiert
von der kommunikativen Lebensgestalt des christlichen
Glaubens überhaupt, in der sich die Wahrheit der menschlichen und göttlichen Versöhnung in den praktischen Formen der Verkündigung und Gemeinschaft verwirklicht.

Entsprechend vermochte es die spekulativ philosophische Interpretation der Menschwerdung Gottes auch bei
Rosenkranz oder theologischen Hegelianern der Zeit
kaum, die dem religiösen Leben wesentliche kommunikative Dimension aufzugreifen – die ja ein bleibendes oder
sich wiederherstellendes Moment der Differenz zwischen
Denkendem und Absolutem, zwischen Glaubendem und
Gott impliziert. So konnte es auch nicht zu einer hinrei-
chenden hermeneutischen, sprach- und kulturprägenden
Vermittlung zur Sprache des christlichen Glaubens, zur
kirchlichen Praxis kommen.[20]

Und zwar gilt das, obwohl Hegel wesentliche Phänomene der
auch religiös relevanten Intersubjektivität wie vor allem auch die
Verzeihung, aber auch den Sinn des Begriffs der Offenbarung in
seine Dialektik des Geistes zu integrieren vermag. Doch der Ansatz J. G. Hamanns, der sich absolut setzenden, monologischen
Vernunft der Aufklärung durch eine Theologie der absoluten
Kommunikation zu begegnen, wurde zunächst nicht weiterge-
führt.[21]

---

[20] Die theologische Rezeption Hegels läuft freilich mindestens in
Unterströmungen auch im weiteren 19. und 20. Jahrhundert durch.

[21] Auf den religionsphilosophischen Ansatz Schleiermachers, der
ebenfalls eine Vermittlung zwischen der nachmetaphysischen Vernunft der Aufklärung und christlichem Glauben versucht, soll hier
nicht eingegangen werden. Meines Erachtens erschließt er (anders
als ein in der gegenwärtigen evangelischen Theologie verbreitetes
Vorurteil meint) keine neuen theologischen Denkmöglichkeiten, die

Zudem verliert die idealistische Philosophie auch in ihrem eigenen, philosophischen (und allgemein geisteswissenschaftlichen) Kontext seit den 30er Jahren des 19. Jahrhunderts ihre Überzeugungskraft und herrschende Stellung. Ein Grund dafür ist, dass sich der wissenschaftliche Verstand erneut und fortschreitend auch gegenüber der Philosophie verselbständigt. Es zeigt sich, dass die von Kant begründete philosophische Reflexion des aufgeklärten Verstandes durch sein Subjekt, die ihm den Sinn für die Rede von Gott (oder vom Absoluten) allererst neu eröffnen kann, sich weder ausreichend bildungsmäßig und kulturprägend durchsetzt, noch auch nur auf der Ebene der Philosophie dauerhaft durchhält.

Diese Verselbständigung des Verstandes gegenüber der Philosophie ist nicht zuletzt durch den schnellen kategorienkritischen Fortschritt der empirischen Wissenschaft gespeist, der auf die Funktionalisierung der Erkenntnis und schließlich eine Verflüssigung aller Begriffe des Seins hinausläuft.[22] Wie von Hamann vorhergesehen löst sich die Verstandeserkenntnis fortschreitend vom sprachlichen Vernehmen und arbeitet mathematisch- und technologisch-funktional – was an sich nicht zu beklagen ist, wohl aber die mangelnde Möglichkeit des sprachlichen Subjekts, es zu verstehen und als sein Tun zu reflektieren. Es verbreitet sich ein praktischer, unreflektierter Naturalismus, dem ein ebenso praktisches und kaum reflektiertes Selbstverständnis des Menschen als Konstrukteur seiner Welt entspricht. Zu einer öffentlichen, sprachbildenden Reflexion des Verstandessubjekts, die nach einem Grund und Sinn des Ganzen fragen lässt, kommt es nur am Rande.

----

geeignet sind, den Glauben aus der wachsenden Isolation einer Sondersprache zu befreien.

[22] Hier ist vor allem die Entdeckung der biologischen und später auch physikalisch-chemischen Evolution oder etwa die Relativitätstheorie in Anschlag zu bringen.

Zudem entspricht der Verselbständigung des naturwis-
senschaftlichen Verstandes fortschreitend die relative Verselbständigung der entsprechenden technologischen Entwicklung und entsprechender Arbeits-, Wirtschafts- und
Sozialformen gegenüber den tradierten kulturellen und
insbesondere auch kirchlichen Möglichkeiten der Reflexion. So ist es nicht mehr nur eine kleine bürgerliche
Avantgarde, sondern die wachsende Masse der städtischen
Arbeiterschaft, die im Zuge des 19. Jahrhundert der kirchlichen Predigt zunehmend entfremdet wird.[23] Das im
Prinzip aufgeklärte Bürgertum aber kultiviert angesichts
der mangelnden Möglichkeit religiöser Orientierung zunehmend seine Individualisierung.[24]

Vielleicht ist der immer noch verbreitete Verstandesoptimismus,
die praktische Selbstverständlichkeit, den Menschen als Konstrukteur der Welt und Herr des Lebens zu betrachten, aber nicht
nur Symptom einer noch nicht vollendeten Reflexion in sich,
sondern auch Medium ihrer Verweigerung. Die Verweigerung
der Reflexion setzt diese aber voraus, ist also eigentlich ihre Ver-
leugnung. Als Faktor der Krise muss die Theologie auch die
Möglichkeit in Anschlag bringen, dass das Subjekt der lustvollen
(wissenschaftlichen, technologischen) Konstruktion seiner
Welt, dem das (vermeintliche) Chaos der Natur und des Marktes
zu seiner Schöpfung dienen muss, die Angst seiner eben diese
Welt einschließenden Einsamkeit verleugnet – also die Negativität des in sich reflektierten Fürsichseins, die seine Welt umfasst.

---

[23] Hier reagierte der sog. religiöse Sozialismus etwa von Hermann Kutter und Leonhard Ragaz (später auch Paul Tillich) mit einer erneuerten Reich-Gottes-Theologie.
[24] Nietzsche diagnostiziert 1874 eine „Periode […] des atomisti-
schen Chaos", während früher die Kirche die Gesellschaft zusam-
mengehalten habe (vgl. Friedrich Nietzsche, Schopenhauer als
Erzieher, KSA 1, 367).

Auf die weitere Geschichte der Krise und ihrer theologischen Bearbeitung im 20. Jahrhundert möchte ich nur noch ganz kurz eingehen.

Anfang des 20. Jahrhunderts bedeutete die Katastrophe des Ersten Weltkrieges jedenfalls in Deutschland einen umfassenden Zusammenbruch aller kulturellen Selbstverständlichkeiten, der insofern auch die Kirche betraf, als diese noch (in Allianz mit dem Staat) als Trägerin dieser Kultur verstanden wurde. Diese Kulturkrise war ein Katalysator dafür, dass die Ideologien und Organisation älterer Formen der Religionskritik nun die Gestalt von mächtigen, Lebenssinn und Gemeingeist versprechenden Ersatzreligionen annehmen konnten. Ein Schub dieser Entwicklung ist in Deutschland durch das besonders auf Nietzsche zurückgehende, die Jugendbewegung prägende Antichristentum im Namen von Leben, Lebensreform oder auch Wissenschaft vorbereitet, das schon um 1900 zu einer bürgerlichen Kirchenaustrittswelle führte, aber z. T. auch in den relativen Massenerfolg des Nationalsozialismus einmündete, dem um 1940 herum ebenfalls eine Austrittswelle folgte.[25]

Eine andere Variante ist durch den materialistischen Sozialismus bezeichnet, dessen Massenorganisation sich nach dem Ersten Weltkrieg entwickelt und in Deutschland als später antikirchlicher Schub etwa durch die staatlich verordnete, atheistisch antikirchliche Propaganda und Repression in der DDR institutionalisierte.

Im evangelischen Deutschland wurde der kulturelle Zusammenbruch im Anschluss an den Ersten Weltkrieg von einer neuen Theologengeneration als Chance und als

---

[25] Vgl. Birgit Weyel, Kirchenmitgliedschaft als soziale Praxis, 14.

Notwendigkeit der Besinnung auf das Evangelium als Ursprung des Glaubens aufgefasst. Das heißt, die in der Dogmatik bis dahin weiterlaufende, ältere Bearbeitung der Herausforderung in der Schule entweder Schleiermachers oder auch Hegels (und Schellings) brach scheinbar zunächst ab. Dass diese älteren Ansätze ihrerseits die Krise bereits voraussetzten, wurde nicht mehr wahrgenommen.

Als Möglichkeit der Vernunft oder im Schleiermacherschen Sinn als Notwendigkeit der Kultur konnte für diese Generation die Wahrheit des Glaubens nicht mehr begründet werden. Für die sog. dialektische Theologie vor allem des frühen Barth sowie Bultmanns kann nur das erneute Ereignis der Offenbarung oder des Wortes Gottes die Krise der Kirche als Krise des Glaubens überwinden. Auch für diesen Neuansatz der Theologie beim Evangelium oder Wort Gottes bestand freilich faktisch immer noch die Aufgabe, dieses dem herrschenden, auch in seiner Reflexion von Verstand und Vernunft der Aufklärung bestimmten Bewusstsein verständlich zu machen. Hier erwies sich zunächst der Ansatz fruchtbar, den Anspruch des Evangeliums (nicht zuletzt im Rückgriff auf Kierkegaard) existenziell, konzentriert auf seine Bedeutung für die radikal diagnostizierte Existenz des von Gott getrennten Menschen zu reformulieren und so von unverständlich gewordenen (als mythisch erscheinenden) Sprachformen zu befreien.

Auf die weitere Theologiegeschichte des 20. Jahrhunderts kann ich nicht mehr eingehen. Ich würde aber die These vertreten, dass hier die Theologie im Verlauf ihrer Auseinandersetzungen etwa um Glaube und Vernunft, Mythos und Logos wichtige Voraussetzungen für ihre allgemeine Sprachfähigkeit grundgelegt hat. Denn sie kann diese Sprachfähigkeit eben dort wieder erlangen, wo sich

– auf dem Boden der von Kant begründeten vernünftigen Reflexion der Verstandeserkenntnis – die von Hegel begonnene Philosophie des Absoluten und ihre Interpretation des Christentums mit der Einsicht in den notwendigen Sinn der kommunikativen Praxis des Glaubens als Sichverlassen und Liebestätigkeit verbindet. Diese Verbindung, wie sie sich z. B. in der jüngeren hermeneutischen Theologie oder der neueren spekulativen Sprachtheologie entwickelt, ist eine Bedingung dafür, erfolgreicher zwischen der Sprache des christlichen Gottesverhältnisses und dem Subjekt des wissenschaftlichen Verstandes und seiner Vernunft zu vermitteln.

3 Kurzer Ausblick: Zur Aufgabe der Theologie in der Krise – und zur Frage, ob die Krise des Christentums in Europa zu überwinden ist

Besteht eine Aussicht auf die Überwindung der Krise der Kirche in Europa? Ist, wie anders zur Zeit der Reformation, eine relative, reformatorische Stabilisierung der Situation abzusehen – wenn auch nicht als Restauration der numerischen Volkskirche, so doch als Wiedergewinnung der allgemeinen Sprachfähigkeit und offensichtlichen Relevanz des Glaubens?

Ich wage eine prophetisch unzeitgemäße These: Die Krise der Kirche in Europa birgt die Möglichkeit einer Erneuerung und Vertiefung des Christentums. In einem gewissen Sinn lässt sich die Krise als notwendig verstehen. Denn so wie zum Leben, zur Entwicklung jeder Gemeinschaft und ihres Geistes auch immer wieder die Reflexion auf das Fürsichsein gehört, so ist auch in der Gemeinschaft des Mensch gewordenen Gottes immer wieder die

Reflexion auf den, wie Paulus ihn nennt, natürlichen
Menschen notwendig. Das Evangelium aber hat sich zu
jeder Zeit auf den gottlosen Menschen bezogen, der sich in
seiner weltumfassenden Einsamkeit reflektieren muss, der
sich in einer absurden, sinnlosen Welt vorfindet – kurz:
der sich im Kreuz erkennen kann.

Welche Bedeutung kann die Theologie für jene Erneuerung und Vertiefung haben? – Die Möglichkeiten der
Theologie, der Krise der Kirche in Europa abzuhelfen,
sind begrenzt. Zwar wirkt sie durch die Ausbildung des
theologischen Nachwuchses in Kirchen und Schulen.
Doch zum einen ist auch für Theologen der Geist nicht
machbar. Zum anderen sind auch äußere Faktoren der
Krise wie etwa eine geringe Geburtenrate bei der christlichen Bevölkerung oder Migration namhaft zu machen,
die einer bildungsmäßigen Beeinflussung nicht direkt zugänglich sind.

Wenn die christliche Predigt die kulturelle Ausbreitung
der Kritik des Verstandes an der Religion, die Ausbreitung des Unverständnisses ihr gegenüber nicht aufzufan-
gen vermag, dann zeigt das zunächst, dass die Aufgabe, zu
der die Kirche seit der Aufklärung und mit der Aufklärung herausgefordert ist, noch nicht vollendet ist. Es man-
gelt noch an einer allgemeinen, sprachbildenden Möglichkeit, das Evangelium so zu predigen, dass dies auch für
den Menschen, sofern er die Wirklichkeit in der Sprache
des freien wissenschaftlichen Verstandes und der freien
Vernunft versteht, verständlich ist – ein Mangel, der auch
für die Gläubigen selbst eine Entzweiung des Bewusstseins bedeutet.

Eine Hauptaufgabe der Theologie liegt dann in der
Ausarbeitung dessen, was ich eben als Bedingung der
kirchlichen Sprachfähigkeit genannt habe: die philoso-

phisch begriffliche Interpretation des christlichen Gottes-
gedankens mit den Einsichten in die unhintergehbare
kommunikative Praxis des Geistes zu verbinden. Oder
mit H. P. Großhans gesagt: die Theologie muss (in der
Nachfolge nicht zuletzt Hegels) „Gott in seiner Selbstentfaltung […] denken“, aber eben auch „eine religiöse Praxis
[…] ermöglichen, in welcher Menschen sich als Teil der
Selbstentfaltung und Selbstexplikation Gottes verstehen“.[26]

Für die Theologie bedeutet das nicht zuletzt die Aufgabe, die verschiedenen Sprach- und Bewusstseinsebenen
hermeneutisch zu vermitteln. Sie müssen in beide Rich-
tungen durchlässig werden: von der Bild- und Mythen-
sprache der Bibel auch in ihrer narrativen Dimension über
die Lehre der in Christus gestifteten Gottesgemeinschaft
bis zur Sprach- und Bewusstseinsebene des gegenwärtig
herrschenden Verstandes und seiner vernünftigen Reflexion, die nach dem Sinn und Grund des Ganzen fragt. Erst
die Sprachebene, auf der die christliche Wahrheit wieder
für das Subjekt von Verstand und Vernunft verständlich
ist, entscheidet über die Sprachmächtigkeit der Kirche im
Ganzen.

Diese hermeneutische Vermittlung ist notwendig, um
den Ursprung der christlichen Wahrheit verständlich zu
halten. Vor allem aber ist die religiöse Sprache der Vorstellung mit ihrer bisweilen mythischen Bildhaftigkeit, Nar-
rativität usf. deshalb hermeneutisch zu vermitteln, weil sie
die unverzichtbare Kultur der kommunikativen (sich immer wiederherstellenden) Differenz im Verhältnis zu

---

[26] Hans-Peter Grosshans, Das Apriori in der Evangelischen
Theologie, in: Hans-Peter Grosshans/Michael Moxter/Phi-
lipp Stoellger (Hg.), Das Letzte – der Erste. Gott denken, Tübingen 2018, 127–140, 138.

Die Zukunft der Kirche – Perspektiven und Herausforderungen

Isolde Karle

1 Kirche unter Druck

In den meisten Ländern Europas sowie den USA stehen die *mainline churches* unter Druck und verlieren an gesellschaftlicher Bedeutung. In Deutschland gehen die Kirchenmitgliederzahlen seit Jahrzehnten kontinuierlich zurück. Nach dem Zweiten Weltkrieg waren etwa 95 % der deutschen Bevölkerung kirchlich gebunden,[1] derzeit sind noch knapp über 50 % Mitglied in einer der beiden großen Volkskirchen. Rechnet man die anderen christlichen Kirchen und Gemeinschaften hinzu, kommt man auf etwa 55 %. Die Freiburger Studie „Kirche im Umbruch" von 2019 prognostiziert, dass die Kirchen bis 2060 noch einmal etwa die Hälfte ihrer Mitglieder verlieren werden.[2]

---

[1] Vgl. Detlef Pollack, Der Wandel der religiös-kirchlichen Lage in Ostdeutschland nach 1989. Ein Überblick, in: Detlef Pollack/Gert Pickel (Hg.), Religiöser und kirchlicher Wandel in Ostdeutschland 1989–1999, Opladen 2000, 18–47.

Bei manchen hier entfalteten Überlegungen greife ich auf einen Aufsatz zurück, den ich zusammen mit Reiner Anselm in der Evangelischen Theologie publiziert habe: Reiner Anselm/Isolde Karle, Kirche – wohin?, in: Evangelische Theologie 80 (2020), 383–391.

[2] Vgl. Evangelische Kirche in Deutschland (Hg.), Kirche im Umbruch. Zwischen demografischem Wandel und nachlassender

Das ist eine Besorgnis erregende Entwicklung. Die Volkskirchen scheinen nicht mehr „Das Volk" zu repräsentieren, sondern zu Minderheitenkirchen zu werden. Schon bis zum Jahr 2030 müssen die Kirchen in Deutschland mit einem Rückgang von etwa 25 Prozent an Kirchensteuern rechnen. Zugleich steigen ab 2025 die Ruhestandszahlen massiv und damit auch die Versorgungskosten, insbesondere für die Pfarrerschaft. In diese Prognosen sind die Erschütterungen durch die Pandemiekrise noch gar nicht eingerechnet.

Es liegt auf der Hand, dass diese Entwicklung die Kirchenleitungen und Synoden vor große Herausforderungen stellt. Wie soll das kirchliche Leben mittel- und längerfristig finanziert werden? Welche Prioritäten sind zu setzen? Welche Stellen sind einzusparen, welche Arbeitszweige zurückzubauen, welche Gebäude zu schließen? Die Landeskirchen sind im Blick auf diese schwerwiegenden und in jedem Fall Enttäuschung hervorrufenden Entscheidungen nicht zu beneiden.

Es stellt sich zugleich die Frage, ob und wie die Kirchen sich so transformieren können, dass sie in der Lage sind, den Abwärtstrend zu stoppen oder wenigstens zu verlangsamen. Seit etwa zwei Jahrzehnten werden immer neue Reformpapiere von der Evangelischen Kirche in Deutschland vorgelegt, die genau dieses Ziel verfolgen. Es geht ihnen nicht nur um Einsparungen und Fusionen, sondern auch darum zu überlegen, welche strukturellen Entscheidungen zugleich Reformprozesse im Hinblick auf ein neues Beteiligungsverhalten der Mitglieder provo-

---

Kirchenverbundenheit. Eine langfristige Projektion der Kirchenmitglieder und des Kirchensteueraufkommens der Universität Freiburg in Verbindung mit der EKD, Hannover 2019, 6.

zieren könnten und wie die Kirche insgesamt wieder attraktiver für die Menschen werden könnte. Blickt man auf die Gründe des Mitgliederrückgangs, ist deutlich, dass demographische Gründe dabei die wichtigste Rolle spielen, aber auch Taufunterlassungen und Austrittszahlen sind wesentliche Faktoren. Nur die zuletzt genannten Gründe sind gegebenenfalls zu beeinflussen.

Das EKD-Reformpapier „Kirche der Freiheit" von 2006 setzte noch vorrangig auf strukturelle Maßnahmen, auf Leuchttürme und Zentren, von denen eine neue Strahlkraft ausgehen sollte. Das Papier hat viele Diskussionen, aber, abgesehen von manchen Fusionen, kaum die erwünschten Veränderungsprozesse ausgelöst.[3] Im vergangenen Jahr verabschiedete die Synode der EKD „Zwölf Leitsätze zur Zukunft einer aufgeschlossenen Kirche".[4] Das Papier zeigt, dass die EKD inzwischen nicht mehr glaubt, gegen den Trend wachsen zu können, wie es noch im Impulspapier von 2006 vollmundig hieß. Zugleich gewinnt man den Eindruck, dass es immer noch mühsam ist für die Kirche, diese Erkenntnis tatsächlich zu akzeptieren. So suggeriert das Papier mit einer Erotik des Wandels, dass am Ende alles noch gut werden wird –, wenn die kirchlichen Akteure nur authentisch und fluide, voller Lebendigkeit, Aktivität, Bewegung und Dynamik Kirche

---

[3] Zum Impulspapier siehe: Kirchenamt der Evangelischen Kirche in Deutschland (Hg.), Kirche der Freiheit. Perspektiven für die evangelische Kirche im 21. Jahrhundert. Ein Impulspapier des Rates der EKD, Hannover 2006. Zu meiner Auseinandersetzung damit siehe: Isolde Karle, Kirche im Reformstress, Gütersloh 2010.

[4] Vgl. Evangelische Kirche in Deutschland (Hg.), Hinaus ins Weite – Kirche auf gutem Grund. Zwölf Leitsätze zur Zukunft einer aufgeschlossenen Kirche, Hannover 2021.

praktizieren. Viele der im Leitsätzepapier formulierten Ideen stehen dabei unstrukturiert nebeneinander und sind in sich inkohärent. Was besonders überrascht, ist, dass das Papier fast ausschließlich auf eine hoch engagierte Kirche der Bewegung setzt und die institutionellen kirchlichen Strukturen weithin vernachlässigt. Man fragt sich unwillkürlich: Wo findet diese bewegte Kirche jenseits der bekannten kirchlichen Orte eigentlich statt? Und was konkret soll damit gestärkt werden?

Durch den Fokus auf eine hoch engagierte Kirche geraten überdies die vielen Stillen im Lande aus dem Blickfeld und damit die Kirchenmitglieder, die primär bei den Kasualien wie Taufe, Konfirmation, Trauung und Bestattung sowie den Hauptfesten des Kirchenjahrs den Kontakt zur Kirche suchen. Dies erstaunt nicht zuletzt deshalb, weil die Praktische Theologie in den letzten Jahrzehnten nicht müde wurde zu betonen, wie fatal es ist, gerade diese Gruppierung zu unterschätzen und als religiös indifferent abzuwerten. Die Mitgliedschaftsstudien, die die EKD seit vielen Jahrzehnten durchführt, zeigen, dass diejenigen, die nicht regelmäßig Gottesdienste besuchen, in der Regel keine desinteressierten „Karteileichen" sind, sondern Christinnen und Christen, die es aus unterschiedlichen Gründen schätzen, in der „Halbdistanz" zu verbleiben. Sie halten wenig von missionierenden Aktivitäten und der Inszenierung authentischer Frömmigkeit, von der das Leitsätzepapier der EKD spricht, sind aber dankbar, wenn sie im Krisenfall auf einen Pfarrer bzw. eine Pfarrerin zurückgreifen können, der bzw. die sie an den Wendepunkten des Lebens seelsorglich begleitet, das Gespräch mit ihnen sucht und ein existentielles Lebensereignis religiös zu deuten und mit ihnen zusammen rituell zu begehen und zu feiern weiß.

Diese Form der Kirchenmitgliedschaft, in der punktuell von Distanz auf Nähe umgestellt wird, um dann wieder ohne schlechtes Gewissen in die Distanz zurückzukehren, ist nicht defizitär.[5] Es ist gerade die Stärke der *Volkskirche*, dass sie neben den geselligen und intensiven Gemeinschaftsformen auch Distanz erlaubt und ermöglicht. Es ist ein Grundzug des Protestantismus, dem und der Einzelnen nicht zu nahe zu kommen, sondern ihm bzw. ihr die Freiheit zu gewähren, den Glauben auf eigene Weise zu leben. Dass die meisten Menschen nur ab und zu den Kontakt zur Kirche aufnehmen, ist deshalb nicht zu beklagen, sondern als „normale" Kommunikationsform in der funktional differenzierten Gesellschaft zu würdigen. Es ist die Distanz, die die Gesellschaft bzw. die Kirche in ihrer Vielfalt zusammenhält.[6] Dass die EKD in der derzeitigen Situation meint, über diese Gruppe der Kirchenmitglieder mehr oder weniger hinwegsehen zu können, erstaunt.

Zugleich sei hier zugestanden, dass in der gegenwärtigen Situation guter Rat teuer ist. Der Ratlosigkeit, die Ausgangspunkt des Leitsätze-Papiers ist, hat auch die wissenschaftliche Reflexion wenig entgegenzusetzen. Die gesamtgesellschaftlichen Säkularisierungsprozesse und

---

[5] Vgl. Gerald Kretzschmar, Mitgliederorientierung und Kirchenreform. Die Empirie der Kirchenbindung als Orientierungsgröße für kirchliche Strukturreformen, in: Pastoraltheologie 101 (2012), 152–168.

[6] Armin Nassehi weist unermüdlich auf diesen Zusammenhang hin und lobt die Distanz, weil nur sie Nähe ermöglicht, siehe u. a.: Armin Nassehi, Lob der Distanz, in: Die Welt vom 22.02.2010, https://www.welt.de/welt_print/debatte/article6498947/Lob-der-Distanz.html, Zugriff am 27.07.2021 und ausführlicher in: Armin Nassehi, Mit dem Taxi durch die Gesellschaft. Soziologische Storys, Hamburg ³2013.

der mit ihnen verbundene Rückgang der Kirchenmitglieder ist gegenwärtig auch durch die besten Innovationen nicht zu stoppen. Es wäre deshalb schon viel gewonnen, wenn sich die Kirche ihre eigene Ratlosigkeit offen eingestehen würde – und vor diesem Hintergrund im Gestus der Nachdenklichkeit und des offenen, suchenden Fragens mit den verschiedenen kirchlichen Akteuren und wissenschaftlichen Experten ins Gespräch käme. Doch verfällt die EKD in ihren Papieren immer wieder in eine futurische, merkwürdig selbstgewisse Sprache der Selbstoptimierung,[7] die eher an unbeholfenes Marketing als an eine besonnene kirchenleitende Reflexion erinnert.

2 Kirchenreform oder Strukturanpassung?

Warum ist es so schwer, die Kirche zu reformieren? Dazu möchte ich zunächst ein paar organisationssoziologische Überlegungen anstellen. Organisationsreformen sind ein komplexes Unterfangen, bei dem man immer mit paradoxen Effekten rechnen muss. Reformprozesse in Organisationen dürfen deshalb nicht als lineare Prozesse verstanden werden, die geradlinig von der Planung bis hin zur Durchführung verlaufen, wie dies häufig von kirchlichen Akteuren angenommen wird. Es kommt im Verlauf von Reformplänen vielmehr zu vielen Modifikationen, Konflikten und Widerständen, so dass es unmöglich ist, „Re-

---

[7] Siehe als ein Beispiel unter vielen: „Die evangelische Kirche wird in Zukunft organisatorisch weniger einer staatsanalogen Behörde, sondern mehr einem innovationsorientierten Unternehmen oder einer handlungsstarken zivilgesellschaftlichen Organisation ähneln." Satz 11 im Leitsätzepapier (EVANGELISCHE KIRCHE IN DEUTSCHLAND, Hinaus ins Weite, 32).

formen auf der Linie von beabsichtigten Wirkungen zu halten und die angestrebten Ziele zu erreichen"[8]. Das ist bei evangelischen Kirchen, die nicht *top-down*, sondern *bottom-up* regiert werden und synodal verfasst sind, noch ausgeprägter der Fall als beispielsweise bei Wirtschaftsunternehmen.

Sieht man sich Reformprozesse nicht nur in Kirchen, sondern auch in Universitäten und Schulen an, wird deutlich: Um eine Reform überhaupt durchsetzen zu können, wird die Vergangenheit in der Regel strategisch schlechter gemacht, als sie war und die Zukunft idealisiert. Luhmann formuliert lapidar: „Reformen sind somit in erster Linie Defizienzbeschreibungen vor dem Hintergrund der Annahme, es könne besser gemacht werden."[9] Kommt die Zukunft in der Gegenwart an, ist sie niemals so gut, wie man dies ursprünglich erhofft und geplant hatte. Dadurch wird die Reform nicht selten zum Anlass für weitere Reformen. Vor allem Systeme, „die sich durch Ideen belasten, an denen das tatsächliche Verhalten gemessen und als unbefriedigend erkannt werden kann", sind dazu prädestiniert, einen ständigen Bedarf an Reformen zu entwickeln: „Ecclesia reformata semper reformanda."[10] In jedem Fall können Reformen die hochfliegenden Erwartungen, die man an sie stellt, nicht erfüllen – sie haben immer sowohl konstruktive als auch destruktive Auswirkungen.[11]

Ein ganz grundsätzliches Problem ist, dass Organisationen wie Kirchen nur entscheiden können, was sie ent-

---

[8] Niklas Luhmann, Organisation und Entscheidung, Opladen 2000, 341.

[9] Niklas Luhmann, Organisation und Entscheidung, 342.

[10] Niklas Luhmann, Organisation und Entscheidung, 340.

[11] Vgl. Niklas Luhmann, Organisation und Entscheidung, 335.

scheiden können – und das sind organisatorische Fragen
wie Einsparungen in bestimmten Bereichen, Strukturver-
änderungen, Gemeindefusionen, Gehaltskürzungen etc.
Das, worauf es letztlich ankommt, kann hingegen nicht
entschieden werden – zum Beispiel, dass Menschen religiös affiziert werden, dass sie vom Geist Gottes ergriffen
werden und sich engagiert in einer lebendigen Kirche be-
teiligen und den Geist von Glaube, Liebe und Hoffnung
in die Gesellschaft hineintragen. Religiöse Prozesse und
„Erweckungsbewegungen" sind nicht plan- und ent-
scheidbar und damit auch nicht Teil von Kirchenreform-
programmen.[12]

An der Ruhr-Universität in Bochum führten wir ver-
gleichende Studien über Kirchenreformprozesse in verschiedenen Landeskirchen durch. Wir konnten dabei
diese Paradoxien präzise beobachten – also die Unmög-
lichkeit, die ursprünglich angestrebten Ziele zu erreichen,
und die ernüchternde Einsicht, dass lediglich über Strukturen entschieden werden kann, die religiöse Kommunikation damit aber noch lange nicht in Schwung kommt.[13]
Fusionen von Kirchen führten oft nicht einmal organisatorisch zu den erhofften Synergieeffekten, dafür aber zu
Verwerfungen und Enttäuschungen und damit auf vielen
Seiten zu Stress und Erschöpfung. Deutlich wurde nicht

---

[12] Vgl. dazu: Armin Nassehi, Die Organisation des Unorgani-
sierbaren. Warum sich Kirche so leicht, religiöse Praxis aber so
schwer verändern lässt, in: Isolde Karle (Hg.), Kirchenreform.
Interdisziplinäre Perspektiven, Leipzig 2009, 199–218.
[13] Vgl. dazu ausführlich: Stefanie Brauer-Noss, Unter Druck.
Kirchenreform aus der Leitungsperspektive. Eine empirische Studie
zu drei evangelischen Landeskirchen, Leipzig 2017; Karl Gabri-
el/Isolde Karle/Detlef Pollack, Irritierte Kirchen: eine ver-
gleichende Analyse der Reformprozesse, in: Evangelische Theologie
76 (2016), 58–67.

zuletzt, dass Einsparungen nicht verlustfrei möglich sind – entgegen der Rhetorik der Kirchenreformprogramme. Entweder führten die Einsparungen zu einer Überlastung der verbliebenen Kräfte oder zu einer Reduktion im Leistungsumfang oder zu Einbußen in der Qualität.[14] Schließlich zeigte sich, dass Strukturreformen vor allem durch fehlendes Geld und nicht durch theologische Programme oder Überzeugungen motiviert werden. Das inhaltliche theologische Programm wird zwar zur Legitimation für die geplanten Einschnitte gewissermaßen „nachgeliefert", hat aber vor allem rhetorische, keine tragende Bedeutung. Dadurch kommt es zu einer Disjunktion von Organisation und Theologie: Die Theologie spielt bei dieser Art von Kirchenreform keine tragende Rolle mehr, es geht ihr nicht um Erkenntnisprozesse oder eine Kirche in der Kraft des Geistes, sondern um Strukturreformen und damit um strukturelle Anpassungen in einer Zeit, in der den Kirchen immer weniger Geld zur Verfügung steht.

Es wäre ein großer Gewinn, wenn sich die Kirchen das erst einmal eingestehen und damit auch den Unterschied von Organisation und Religion deutlicher wahrnehmen würden: Es geht aufgrund zurückgehender Ressourcen zunächst einmal schlicht um notwendige Strukturanpassungen. Diese sind schmerzhaft und rufen Enttäuschungen und Konflikte hervor, sie sind gleichwohl vielfach unumgänglich. Dass sie notwendig sind, heißt nicht, dass sie unumstritten sind. Sie sind deshalb sehr behutsam und umsichtig vorzunehmen, sonst führen sie zu einem de-

---

[14] Vgl. dazu ausführlich: CHRISTOPH MEYNS, Kirchenreform und betriebswirtschaftliches Denken. Modelle – Erfahrungen – Alternativen, Gütersloh 2013.

struktiven Reformstress, der die kirchlichen Akteure aus-
laugt und die Motivation gerade derjenigen, die sich in der
Kirche engagieren, zerstört statt erhält und fördert.

Strukturanpassungen sind demnach nicht mit Reformen im eigentlichen Sinn zu identifizieren. Sie führen
nicht zu steigenden Mitglieder- oder Taufzahlen oder zu
weniger Kirchenaustritten. Das zu suggerieren, wäre eine
Illusion. Die Kirchenleitungen wünschen sich zu Recht
eine lebendige und authentische Kirche, doch liegen religiöse Aufbrüche auf einer anderen Ebene und folgen einer
anderen Logik als Strukturreformen und Kirchenreformprogramme. Religiöse Verlebendigungsprozesse können
nicht per Planung entschieden werden, sie ereignen sich in
der Regel spontan und unvorhersehbar – und folgen viel
eher dem Modell der Evolution als der Planung.

Bei den aus finanziellen Gründen notwendigen Strukturanpassungen muss zugleich darauf geachtet werden,
dass sie die Rahmenbedingungen für das Wirken des
Geistes und damit für religiöse Aufbrüche und Bildungsprozesse nicht verschlechtern. Vielleicht gelingt es ihnen
sogar, sie hier und da zu verbessern. Strukturanpassungen
und inhaltliche Reformen sind insofern nicht komplett
voneinander zu unterscheiden, aber auch nicht miteinander identisch. Mit dieser etwas bescheideneren Perspektive könnten die Kirchen aus meiner Sicht mehr erreichen.
Sie würden auf der Strukturebene illusionäre Erwartungen, die nur enttäuscht werden können, vermeiden, und
schmerzhafte Einsparprozesse nicht als Aufbruch, Chance oder Reform verbrämen. Sie gingen vor diesem Hintergrund zugleich lernbereiter, nachdenklicher und suchen-
der in das Gespräch mit den vielen Akteuren an der Basis
und mit den wissenschaftlichen Expert*innen. Nicht zuletzt schonte dieses Vorgehen die engagierten Haupt- und

Ehrenamtlichen, die durch einen falschen Krisenaktivismus die Fehler bei sich selbst suchen, statt bei den Abbrüchen den tendenziell antikirchlichen gesamtgesellschaftlichen Prozessen und Dynamiken, denen sich die Kirche derzeit ausgesetzt sieht, Rechnung zu tragen.

Man könnte nun einerseits erleichtert darüber sein, dass die Kirche nicht alles falsch macht und vieles ihrer Verfügbarkeit und Steuerbarkeit entzogen ist. Zugleich kann es auch zu Resignation führen, dass man so wenig gezielt verändern kann. Resignation ist nicht Ausdruck einer Kirche, die mit der Botschaft von Glaube, Liebe und Hoffnung die Welt verändern und bereichern möchte. Deshalb ist darüber nachzudenken, welche institutionellen Rahmenbedingungen das Wirken des Geistes eher zu fördern vermögen statt es mit an Sicherheit grenzender Wahrscheinlichkeit zu verhindern. Welche religiösen und spirituellen Bedürfnisse und Aktivitäten lassen sich in der Gesellschaft beobachten und was wäre daraus für das kirchliche Angebot zu lernen? Vorsichtig sollen hier einige Perspektiven entfaltet werden.

3 Perspektiven

a) Diverse Kirche

Ich beginne zuerst mit einer Organisationsreform, die sich nicht auf die Kostenfrage bezieht und die das kirchliche Leben tatsächlich beleben könnte. Auf katholischer Seite fällt einem dabei vermutlich noch mehr ein als auf evangelischer Seite, so war und ist die Ordination von Frauen für die evangelische Kirche ein großer Gewinn. Doch tut sich auch die evangelische Kirche mit der Diversität gesellschaftlichen Lebens schwer. Will die Kirche Jesu Christi wirklich jeden und jede willkommen heißen und ernst damit machen, dass jeder und jede in ihrem und seinem Sosein als Geschöpf Gottes zu akzeptieren ist, muss sie ernst damit machen, dass gleichgeschlechtliche Lebenspartnerschaften heterosexuellen vollständig gleichgestellt werden. Das ist immer noch nicht selbstverständlich, wenngleich sich hier in den letzten Jahren und Jahrzehnten einiges bewegt hat.

Darüber hinaus sind die Pfarrergesetze im Hinblick auf die Lebensformenfrage zu ändern. So muss es für Pfarrer*innen möglich sein, auch mit Nichtchristen – mit Andersgläubigen oder Konfessionslosen – verheiratet zu sein. Es muss darüber hinaus möglich sein, auch unverheiratet mit einem Partner/einer Partnerin im Pfarrhaus zusammenzuleben oder auch als transidente Person. Die Öffnung für die Vielfalt an Lebensformen wäre nicht nur für die Pluralität der Pfarrerschaft ein großer Gewinn, sondern diente auch der Glaubwürdigkeit der Kirche. Sie würde sich damit tatsächlich als offene und tolerante Kirche präsentieren, die die gesellschaftliche Pluralität und biographische Komplexität in der Moderne nicht scheut, sondern auch als Reichtum, nicht nur als Bedrohung wahrzunehmen und zu respektieren weiß. Dies würde nicht zuletzt ausstrahlen auf (nicht hauptamtlich tätige) Menschen in und außerhalb der Kirche, die nicht in die traditionellen Lebensformen passen und sich mit einer solchen Praxis in ihrem potenziellen „Anderssein" wahrgenommen, gewürdigt und respektiert fühlen.

Christus ist dort gegenwärtig, wo soziale und natürliche Unterschiede zwischen Menschen keine Rolle mehr spielen (Gal 3,28) und repressive Verhaltensmuster überwunden werden.[15] Im Sinne des Geistes Jesu Christi gilt deshalb bis heute, dass die Kirche verpflichtet ist, Menschen nicht nach Herkunft, Geschlecht oder Status zu beurteilen, sondern eine Gemeinschaft über vielfältige Grenzen hinweg zu ermöglichen. Der Geist Christi fördert in diesem Sinn auch eine ökumenische und interkulturelle Gemeinschaft. Die Kirche täte vor diesem Hintergrund gut daran, ihre behördliche Seite zurückzubauen und der Lebendigkeit und „Unordentlichkeit" des pfingstlichen Geistes mehr Raum zu geben.

b) *Digitalisierung*

Durch die Pandemie ergaben sich gesamtgesellschaftlich erhebliche Schübe im Hinblick auf digitale Kommunikationsformen. Der digitale Aktivismus hat dabei auch die Kirche erreicht. Betrachtete die Kirche die digitale Kommunikation vor der Pandemie vor allem in missionsstrategischer Zielsetzung und unterstellte damit gewissermaßen ein Gegenüber von Kirche und Internet, sind die Perspektiven inzwischen deutlich realistischer und mehr an der Nutzer- und Mitgliederperspektive ausgerichtet als an den Interessen der kirchlichen Organisation. Das liegt auch an den immensen digitalen Aktivitäten, die die kirchliche Basis in der Pandemie entwickelte – im Hinblick auf Gottesdienstformate, Dialogformate aller Art, digitale Abendmahlsfeiern, digitale Unterrichtsformen, Social-Web-Aktivitäten etc.

---

[15] Vgl. dazu ausführlich: Isolde Karle, „Da ist nicht mehr Mann noch Frau ...". Theologie jenseits der Geschlechterdifferenz, Gütersloh 2006.

Kirche und Theologie sind herausgefordert, empirisch genau zu untersuchen, wie digitale Möglichkeiten situations- und kontextbezogen genutzt werden. Was nutzen Menschen bereits? Was empfinden sie als hilfreich? Was wünschen sie sich im Hinblick auf das Ineinander von Analogem und Digitalem in der Kirche? Welche Unterstützung bräuchten Ehren- und Hauptamtliche dabei „von oben"? Statt großer Programme empfiehlt sich „ein kleinteiligeres, kontext- und anwendungsbezogenes Vorgehen"[16] beim Thema Kirche und Digitalisierung. Die kirchenleitende Organisation ist damit herausgefordert, vor allem helfend, beratend und serviceorientiert zu agieren und nicht zu viele Vorgaben zu machen.

c) Medien

Oft wirkt die Kirche sehr mit sich selbst beschäftigt, auch und nicht zuletzt im Hinblick auf ihre sogenannten Reformen. Sie tut sich deshalb nicht selten schwer, nach außen und in die Gesellschaft hineinzuwirken. Da die Menschen heute das, was sie über die Gesellschaft wissen, im Wesentlichen über die Medien wissen, ist das mediale Kirchenbild elementar für das Image der Kirche – und das Vertrauen, das Menschen zu ihr haben oder auch verlieren. Niklas Luhmann formuliert pointiert: „Was wir über unsere Gesellschaft, ja über die Welt, in der wir leben, wissen, wissen wir durch die Massenmedien"[17]. Es ist des-

---

[16] GERALD KRETZSCHMAR, Eine coronabedingt ruhende Baustelle. Wie inszeniert sich die evangelische Kirche in ihren Digitalisierungsinitiativen?, in: Deutsches Pfarrerblatt (121) 2021, 274–278, 277.

[17] NIKLAS LUHMANN, Die Realität der Massenmedien, Opladen ²1996, 9.

halb elementar, als Kirche medial unerschrocken, transparent und professionell aufzutreten. In diesem Bereich gibt es inzwischen zwar viele ernsthafte Bemühungen, doch erscheint das Medienmanagement immer noch vielfach unbefriedigend, auch und nicht zuletzt im Hinblick auf die Öffentlichkeitsarbeit.

Das heißt: Die Kirche muss die Medien noch ernster nehmen, als sie es ohnehin schon tut. Das gilt vor Ort durch einen guten Kontakt zu den lokalen Zeitungen, aber auch und nicht zuletzt überregional. Eine Liaison mit den Medien ist dabei immer auch ambivalent, weil die Medien religiöse Kommunikation auch überformen und ihr ihre eigenen Gesetze aufzwingen können. Es ist deshalb genau zu analysieren, welche Form der medialen Kommunikation für die Kirche und ihre Botschaft dienlich ist und verbessert werden sollte und bei welchen Formaten Kirche eher vorsichtig agieren sollte.

d) *Geist und Organisation*

Religion verträgt nicht zu viel Organisation. Chaos und Lebendigkeit gehören zur religiösen Kommunikation dazu. Das Wehen des Geistes hatte in der Kirchengeschichte deshalb nicht selten eine kontraorganisatorische Seite. Jörg Lauster führt das in seiner Monographie über die Geschichte des Heiligen Geistes vor Augen.[18] Oft wirkt der Geist Gottes spontan und nicht bändigbar. Die Kirche als Organisation sollte deshalb überlegen, wie sie es schafft, einerseits gut organisiert zu sein und andererseits den Organisationscharakter nicht noch weiter in den

---

[18] Vgl. JÖRG LAUSTER, Der Heilige Geist. Eine Biographie, München 2021.

Vordergrund zu rücken, sondern sich an bestimmten
Punkten klug und bestimmt selbst zurückzunehmen.

Religionssoziologisch ist evident, dass die Bildung von
Religiosität religiöse Adressierbarkeit und damit Sozialformen voraussetzt. Nur so kann Religion gedeihen. Religiosität entwickelt sich insofern nicht von selbst, sie
braucht förderliche soziale Umgebungen. Die Frage ist,
wie „weichere" soziale Stützpunkte und Sozialformen
aussehen könnten, die der Individualität mehr Raum geben als so manch traditionelles Format. Ein paar Beispiele
seien im Folgenden genannt.

e) *Die Sprache der Kirchengebäude*

Ein großer Schatz der Kirchen sind ihre Kirchengebäude.
Eine Kirche kommuniziert Religion bereits durch die Sa-
kralität des Raumes, die „heilige" Atmosphäre, durch die
Spuren, die Gläubige in Jahrhunderten im Kirchenraum
hinterlassen haben. Der Kirchenraum empfängt seine Besucherinnen und Besucher und nimmt sie non-verbal in
einen eigenen Zeichenkosmos hinein. Zugleich erlaubt der
Besuch einer Kirche eine Miniform der Praxis von Religiosität: durch die Möglichkeit, Kerzen anzuzünden, ein
Gebet zu sprechen oder Orgelmusik zu hören und sich
meditativ in den Raum und seine religiösen Zeichen zu
versenken und neue Kraft zu schöpfen.

Wir wissen aus Ostdeutschland, dass die Bindung an
ein Kirchengebäude die Kirchenmitgliedschaft überdau-
ern kann. Sind Kirchengebäude zugänglich, werden sie als
Räume der Stille und der Kontemplation geschätzt und
aufgesucht. Die Ruhe des Kirchenraums bildet dabei einen wohltuenden Kontrast zum Alltag. Gerade die se-
mantische Vagheit, die mit der stabilen Invarianz des Kir-

chengebäudes gekoppelt ist, wird von Besucherinnen und Besuchern geschätzt.[19] Kirchen sind exemplarische Orte der Präsenz Gottes in der Welt. Sie symbolisieren die Unverfügbarkeit individueller und kollektiver Daseinsbedingungen. In einer Welt, in der die digitale Kommunikation immer mehr an Bedeutung gewinnt, sind es gerade die „Immobilität und Materialität"[20] des Kirchenraums, die Vertrauen herstellen und Stabilität vermitteln.

Während der Pandemie wurden Kirchen vielfach als Orte der Zuflucht von Menschen in Angst und seelischer Not aufgesucht. Ästhetische Kirchengebäude, insbesondere in Innenstädten, müssen deshalb zugänglich sein, kleine religiöse Formate (Orgelmusik, Mittagsgebete etc.) sollten in ihnen niedrigschwellig zu religiöser Meditation und Praxis einladen. Kirchen müssen im ganz wörtlichen Sinn *offene* Kirchen sein.

f) *Kirchenmusik und Kunst*

Ein weiterer wichtiger Fokus, der mit den Kirchengebäuden unmittelbar verknüpft ist, bezieht sich auf Kirchenmusik und Kunst. Die Kirchenmusik spielt im Protestantismus seit jeher eine zentrale Rolle. Die Reformation war eine Singbewegung des Volkes. Viele Menschen, die gegenwärtig nicht oder nur selten in die Kirche gehen, wer-

---

[19] Vgl. Thomas Erne, Zu viele Räume – zu wenig Ideen? Wie Kirche sich wandelt in der Umwandlung ihrer Räume, in: Isolde Karle (Hg.), Kirchenreform. Interdisziplinäre Perspektiven, Leipzig 2009, 57–65. Ausführlich: Thomas Erne, Hybride Räume der Transzendenz. Wozu wir heute noch Kirchen brauchen. Studien zu einer postsäkularen Theorie des Kirchenbaus, Leipzig 2017.
[20] Thomas Erne, Transformation als Zukunftsaufgabe der Kirche, in: Kunst und Kirche, Sonderheft 2009, 26–31, 31.

den von Musik und Gesang berührt und religiös affiziert. Es ist deshalb auch ein großer Einbruch im religiösen Leben, dass seit Beginn der Pandemie kaum mehr gesungen und musiziert wurde.

Seit den 1960er Jahren ist eine immense Fülle an neuen geistlichen Liedern entstanden, es gibt ein blühendes Chorleben, die Gospelmusik ist sehr populär, aber auch die klassische Musik, insbesondere in Gestalt der Passionen und Oratorien von Johann Sebastian Bach, die regelmäßig die Konzertsäle und Kirchen füllen, oder, um ein weiteres Beispiel zu nennen, das deutsche Requiem von Johannes Brahms, das am Totensonntag nicht nur der Trauer Raum gibt, sondern vielen Menschen Trost spendet. Religiöse Kommunikation bezieht sich nicht nur auf sprachliche Formen des Mitteilens und Verstehens, sondern auch auf ästhetische, auf Musik, Theater, Ikonographie, die bildende Kunst. Für Friedrich Schleiermacher war der Gottesdienst ein Regenerationszentrum christlichen Lebens und dies nicht zuletzt aufgrund der hohen Bedeutung von Musik und Gesang. Für Schleiermacher kommen „in der Beziehung von Religion und Musik [...] beide zu ihrer Vollendung"[21]. Die Musik drückt nach Schleiermacher etwas unverwechselbar Eigenes aus, das mit Worten nicht zu sagen ist. Nicht nur die Klassiker, auch zeitgenössische (auch klassische) Musik sollte deshalb mehr Raum in der Kirche gewinnen. Auch die religionsaffine bildende Kunst spielt eine wichtige Rolle. Sie

---

[21] Thomas Erne, Autonome Musik und religiöser Sinn, in: Hans Martin Dober/Frank Thomas Brinkmann (Hg.), Religion.Geist.Musik. Theologisch-kulturwissenschaftliche Grenzübergänge, Wiesbaden 2019, 225–239, 228. Vgl. ausführlich: Isolde Karle, Praktische Theologie, Leipzig ²2021, 296–303.

lädt individuell zur Betrachtung und Identifikation ein und erschließt einen neuen Blick auf die Wirklichkeit.

Nicht wenige Theater- und Operintendanten schätzen darüber hinaus Kirchen als Orte der Aufführung, in denen der Raum das Werk umgibt und seine eigene Interpretation mitkommuniziert. Auch das geistliche Spiel wie die Oberammergauer Passionsspiele ziehen Menschen aus aller Welt an, weil sie hier persönlich involviert werden in die Geschichte Jesu und ihr Sinnhorizont sich erweitert. All dies sind Möglichkeiten, religiöse Kommunikationsformate jenseits der üblichen Formate anzubieten, die von vielen geschätzt werden. Sie laden Menschen ein, einen Weg „aus einer a-religiösen oder religionskritischen Sprachlosigkeit"[22] zu finden, ihre eigene Spiritualität zu entdecken und ihr Ausdruck zu geben.

g) *Spiritualität*

Spiritualität ist gegenwärtig en vogue. Auch wenn es nicht jedermanns Sache ist, sind spirituelle und meditative religiöse Sozialformen in der Kirche deshalb gezielt zu fördern. Nicht selten ist Spiritualität eine Art „self religion"[23], zugleich ist Spiritualität/Spiritual Care offen für religiöse Fragen. Spiritualität ist für viele attraktiv, weil damit körperbezogene Formen verknüpft werden, die nach dem *body turn* als „ganzheitlich" wahrgenommen und erlebt werden – beim christlichen Yoga,[24] Fasten und

---

[22] Heinz Streib, Abgelehnte Religion. Spiritualität – und die Frage nach der verlorenen Dimension, Deutsches Pfarrerblatt (116) 2016, 626–629, 627.

[23] Hubert Knoblauch, Populäre Religion. Auf dem Weg in eine spirituelle Gesellschaft, Frankfurt a. M./New York 2009, 127.

[24] Als ein Beispiel: Pia Wicks Kurse zu christlichem Yoga, z. B.

Pilgern zum Beispiel. Die Popularität des Pilgerns ist nach
wie vor ungebrochen,[25] aber auch das Fasten erfreut sich
großer Beliebtheit und erschließt Erfahrungen, die Menschen als wertvolle Unterbrechung des Alltags und als
Horizonterweiterung empfinden.[26] Dabei wird die Möglichkeit, die Fastenzeit individuell auszugestalten, sehr
geschätzt. Manche nutzen die Fastenzeit, um ihren hohen
Ansprüchen an die eigene Lebensführung für einen be-
grenzten Zeitraum gerecht zu werden, andere suchen in
analogen oder digitalen Fastengruppen nach resonanten
Formen der Gemeinschaft, wieder andere schätzen die in-
tensive Selbsterfahrung, die das Fastenvorhaben ermöglicht – auf emotionaler sowie körperlicher Ebene. Auch
Heilungs- und Segnungsgottesdienste geben einer kör-

„Glaube und Körper – christliches Yoga und spirituelles Walking",
siehe: https://www.institut-afw.de/jahresprogramm/aktuelle-veran
staltungen/veranstaltung/550-glaube-und-koerper-christliches-
yoga-und-spirituelles-walking/, Zugriff am 27.07.2021; https://
www.christliches.yoga/kurse/, Zugriff am 27.07.2021, u.v.a.m.
[25] Hape Kerkeling hat diese Popularität gefördert durch sein
Buch: HAPE KERKELING, Ich bin dann mal weg. Meine Reise auf
dem Jakobsweg, München/Zürich [15]2011 (2006). Traugott Roser
reflektiert als Praktischer Theologe seine Jakobswegerfahrungen:
TRAUGOTT ROSER, ¡Hola! bei Kilometer 410. Mit allen Sinnen auf
dem Jakobsweg, Göttingen 2021; Eine wissenschaftlich fundierte
Studie findet sich bei Detlef Lienau: DETLEF LIENAU, Religion auf
Reisen. Eine empirische Studie zur religiösen Erfahrung von Pilgern, Freiburg 2015.
[26] Zum Fasten entsteht an meinem Lehrstuhl eine Dissertation
von Antonia Rumpf, die mit Fastenden Interviews durchführte. Vgl.
im Vorgriff darauf: ANTONIA RUMPF, Schmerzfreie Askese? Zeitge-
nössisches Fasten zwischen Selbstbezüglichkeit und Auseinandersetzung mit Leid, in: KATHARINA GRESCHAT/CLAUDIA JAHNEL
(Hg.), Dem Schmerz begegnen. Theologische Deutungen, Bielefeld
2021, 265–275.

perbezogenen Spiritualität mit „tiefer Adressierung"[27] Raum. Kranke, „Mühselige und Beladene" können dort individuell gesalbt und gesegnet werden – für viele eine existentiell-berührende und sinnstiftende Erfahrung.[28]

Auf große Resonanz stoßen auch mystisch-meditative Formen, wie sie beispielsweise in Taizégottesdiensten mit meditativen Liedern und Gebeten praktiziert werden. Ein weiterer sozialer Stützpunkt religiöser Aktivität, der einerseits auf Kirche bezogen ist, andererseits vielfach nicht mit Kirche assoziiert wird, kann auch eine zu religiöser Praxis einladende Literatur sein. Ich denke dabei an den Kalender „Der Andere Advent", der von einem christlichen Verein herausgegeben wird und seine Leserinnen und Leser sechs Wochen lang durch die Advents- und Weihnachtszeit führt. Er ist ästhetisch anspruchsvoll gestaltet, changiert zwischen christlichem Profil und Niedrigschwelligkeit und lädt zur individuellen Deutung ein. Der Kalender hat sich in kürzester Zeit sehr erfolgreich entwickelt – von einer Auflage von 10.000 zu mittlerweile über zwei Millionen Leserinnen und Leser. Offensichtlich entspricht die religiöse und ästhetische Form des Anderen Advent den Bedürfnissen der Nutzer*innen. Sie lassen sich ganz individuell vom Kalender inspirieren und tauschen sich zugleich über Facebook oder auch den direkten Kontakt mit anderen Nutzern darüber.[29] Schwach determinierte, suchende Formen religiöser Kommunika-

---

[27] Zu diesem Begriff siehe: Isolde Karle, Tiefe Adressierung. Körperlichkeit zwischen Verdrängung und Aufwertung, in: Zeitschrift für Evangelische Ethik 58 (2014), 179–189.

[28] Vgl. Heike Ernsting, Salbungsgottesdienste in der Volkskirche. Krankheit und Heilung als Thema der Liturgie, Leipzig 2012.

[29] Vgl. Annika Happe, Auf der Suche nach dem „Anderen Advent"?! Gelebte Religiosität im Weihnachtsfestkreis, Leipzig 2015.

tion sollten deshalb nicht entmutigt werden, wie das in den Leitsätzen der EKD tendenziell der Fall ist.

Insgesamt geht es darum zu erkennen, dass Kirche auch vielfach dort, wo man sie gar nicht als Kirche wahrnimmt, eine Impulsgeberin religiöser Praxis ist. Auch moderne Religiosität ist auf Sozialformen angewiesen und kann nicht aus sich heraus existieren. Es ist dabei Ausweis der Stärke und nicht der Schwäche des Christentums, bestimmte Fragen in der Schwebe belassen zu können und zugleich konkrete Deutungsangebote zu machen. Es geht darum, offen für die Vielfalt spätmoderner Spiritualität zu sein und zugleich so etwas wie den eigenen Kern zu behalten.

b) Vertrauen in Personen und Orte

Die fünfte Kirchenmitgliedschaftsuntersuchung der EKD von 2015 zeigt, dass mehr als drei Viertel der evangelischen Kirchenmitglieder einen Pfarrer/eine Pfarrerin mindestens vom Sehen her kennt und dass dies der signifikanteste Faktor für ihre Kirchenbindung ist.[30] Die personalen, durch Rollenerwartungen gestützten Begegnungen mit Pfarrerinnen und Pfarrern ermöglichen und festigen ein emotional und kognitiv stabiles Verhältnis zur Kirche. Pfarrerinnen und Pfarrer sind das personale Gesicht der Kirche, sie haben die höchsten Kontaktwerte, sie motivieren Menschen, sich ehrenamtlich zu engagie-

---

[30] Vgl. Heinrich Bedford-Strohm/Volker Jung (Hg.), Vernetzte Vielfalt. Kirche angesichts von Individualisierung und Säkularisierung. Die fünfte EKD-Erhebung über Kirchenmitgliedschaft, Gütersloh 2015, 33 ff. Sowie: Isolde Karle, Der Pfarrer/Die Pfarrerin als Schlüsselfigur: Kontinuitäten und Diskontinuitäten, in: Evangelische Theologie 75 (2015), 227–238.

ren, und sind vielfach Brückenbauer zwischen Engagierten und Distanzierten im Netzwerk Gemeinde.[31]

Doch nicht nur Pfarrerinnen und Pfarrer, auch das Kirchengebäude und die Gemeinde vor Ort und die mit ihr verknüpften Aktivitäten und Einrichtungen sind elementar für den Kontakt zur Kirche. In der fünften Kirchenmitgliedschaftsuntersuchung heißt es resümierend: „Auch unter den Bedingungen moderngesellschaftlicher Differenzierung, religiöser Vielfalt und biographischer Mobilität scheint die Kirche vor Ort aus der Sicht der Mitglieder von hoher, ja gelegentlich identitätsstiftender Bedeutung zu sein. Dies gelingt der Kirche vor allem deshalb, weil ihre Mitglieder in der Ortsgemeinde eine ganze Reihe höchst vielfältiger Themen, Personen und Vollzüge wahrnehmen, an denen sie selbst [...] auf ebenso vielfältige Weise Anteil nehmen können."[32] Über die Ortsgemeinden ist es darüber hinaus möglich, über Kindergärten und den Konfirmandenunterricht niedrigschwellig religiöse Bildungsarbeit anzubieten, was in Zeiten abbrechender religiöser Sozialisation unschätzbar ist.

Selbstverständlich braucht die Kirche auch vielfältige Kontaktstellen jenseits der lokalen Gemeinde, insbesondere in den Spezialbereichen der Seelsorge im Gefängnis, im Krankenhaus oder bei der Bundeswehr, in denen Menschen sich vielfach exkludiert erleben, doch sollte die

---

[31] Zur Gemeinde in netzwerkanalytischer Perspektive und den kirchentheoretischen Konsequenzen siehe die fünfte EKD-Erhebung über Kirchenmitgliedschaft: Heinrich Bedford-Strohm/ Volker Jung (Hg.), Vernetzte Vielfalt, 400–437.

[32] Jan Hermelink/Gerald Kretzschmar, Die Ortsgemeinde in der Wahrnehmung der Kirchenmitglieder – Dimensionen und Determinanten, in: Heinrich Bedford-Strohm/Volker Jung (Hg.), Vernetzte Vielfalt, 59–67, 67.

manchen veraltet anmutende Kontaktform vor Ort zugleich nicht unterschätzt werden.

4 Fazit

a) Selbstverständlich ist es für die Zukunft der Kirche weiterhin zentral, Gottesdienste (auch am Sonntagmorgen!) zu feiern, Seelsorge (lokal und in nicht-kirchlichen Organisationen) zu üben, im Konfirmanden- und Religionsunterricht über den christlichen Glauben zu informieren und ihn kritisch zu diskutieren, Kasualien durchzuführen, kirchliche Aktivitäten und Öffentlichkeiten auch jenseits der Lokalgemeinden zu fördern und nicht zuletzt im helfenden Engagement der Diakonie, in der das „Ethos der freien Selbstzurücknahme"[33] zum Ausdruck kommt, die sozialen Konsequenzen des Glaubens zu praktizieren. Der Fokus dieser Ausführungen lag auf Praktiken und Aktivitäten, die eher am „Rand" der kirchlichen Organisation angesiedelt sind – sie sollten hier in besonderer Weise gewürdigt werden. Das setzt die anderen, quasi „selbstverständlichen" Kommunikations- und Praxisformate der Kirche voraus und entwertet sie nicht. Es geht hier nicht um Alternativen, sondern um sich wechselseitige bereichernde Perspektiven kirchlicher Arbeit und religiöser Kommunikation.

Im Hinblick auf die Reformnotwendigkeiten bzw. Strukturanpassungen, die in den Kirchen unvermeidlich sein werden, sei noch einmal auf grundlegende Erkennt-

---

[33] Siehe dazu Michael Welker, Gottes Offenbarung. Christologie, Neukirchen-Vluyn ³2016, insbes. 208 ff. Siehe dort auch die Ausführungen zur diakonischen Existenz und zum christlichen Humanismus.

nisse der Organisationssoziologie verwiesen, die zu Umsicht und Lernbereitschaft mahnen. Innovationen sind immer risikoreich, für Organisationen mit Überlebensproblemen gilt das einmal mehr: „Risikoreich sowohl in der Frage, ob die Umwelt die Änderungen akzeptiert oder vielmehr an den gewohnten Erwartungen festhält; und risikoreich auch in der Frage, ob und wie sie systemintern durchgeführt werden."[34] Es ist insofern elementar, behutsam und vorsichtig bei Strukturreformen vorzugehen und das Bewährte nicht allzu schnell als teuren Ballast von gestern zu betrachten. Es bedarf nicht nur der Dynamik, der Bewegung und des Fluiden, sondern auch der Verlässlichkeit, Stabilität und Beständigkeit. Je krisenhafter eine Gegenwart und je ungewisser die Zukunft erfahren wird, desto wichtiger ist es, suchend und fragend vorzugehen – mit Vertrauen in die Menschen, die an vielen verschiedenen Orten Kirche auf die unterschiedlichste Art leben und sind.

Es ist für die Kirche elementar, ihre vielfach bewährten Sozialformen, in denen sich die habituelle Form religiöser Praktiken in all ihrer Vielfalt bilden kann, nicht als überholt anzusehen, sondern so gut es geht aufrecht zu erhalten und weiterzuentwickeln. Eine Bewegungskirche ohne institutionelles Rückgrat hat keine Stabilität und keine Zukunft, ihr fehlt die Erreichbarkeit und Erwartungssicherheit, die sicherstellt, dass man sie aufsuchen kann, auch wenn man sich lange nicht mehr dort aufgehalten hat. Der Fokus ist deshalb nicht nur auf Aktivität und Engagement zu setzen, sondern auch auf rezeptive religiöse Inklusionsformen, bei denen Menschen „nur" Hörende oder Teilnehmende oder Besuchende sind.

---

[34] Niklas Luhmann, Organisation und Entscheidung, 353.

Ehrenamtsstudien zeigen überdies, dass es sehr viele Menschen gibt, die sich gern und mit hoher Motivation in Kirche und Diakonie engagieren. Sie sind ein besonderer Schatz der Kirche, der zu fördern ist, damit religiöse und helfende Kommunikation nicht nur von der Kirche als Organisation getragen wird, sondern von ganz unterschiedlichen Menschen, denen der Glaube und das christliche Ethos etwas bedeuten.

b) Die öffentliche Rolle der Kirchen wird künftig eher ab- statt zunehmen. Das heißt aber nicht, dass das Christentum und mit ihm die Kirchen keine Zukunft hätten. Jörg Lauster sieht im Hinblick auf die evangelische Kirche drei Möglichkeiten, auf die Krise der Moderne zu reagieren: die charismatisch-pfingstliche, die traditionale und die liberale Form.[35] Der liberale Weg ist ebenso in der Krise wie der traditionale, der pfingstliche entwickelt vor allem auf der südlichen Halbkugel beachtliche soziale Bindungskräfte. In Deutschland liegt vielen Menschen daran, eine plurale Kirche, zu der man auch auf Distanz gehen darf, zu erhalten – sie möchten nicht, dass das liberale Profil der Volkskirche aufgegeben wird. Alle drei Wege sind deshalb aufeinander zu beziehen und nicht als Alternativen zu betrachten. Das traditionale Christentum kann von den Pfingstkirchen lernen, dass der Geist nicht nur im Ritus und der Institution, sondern auch ganz persönlich erlebt werden kann – und zwar auch physisch greifbar, nicht nur rein geistig (leibbezogenes Christentum). Das liberale Christentum kann wiederum vom traditionalen Christentum lernen, das der Geist Gottes sich nicht nur in bestimmten humanen Errungenschaften der modernen Kultur, sondern auch in Riten und im Austausch mit an-

---

[35] Vgl. Jörg Lauster, Der Heilige Geist, 326.

deren vermittelt. Gottesdienste sind deshalb elementar. Denn „wer vom heiligen Geist nicht mehr spricht und seine Gegenwart nicht mehr feiert, der kann ihn auch nicht mehr in der Welt erkennen."[36] Ohne Kirche geht es nicht. Geist und Kirche dürfen deshalb nicht gegeneinander ausgespielt werden.

Glaube, Liebe und Hoffnung sind die wichtigsten Gaben des Geistes Gottes.[37] Von ihnen lebt die Kirche, von ihnen lebt die Welt. Der Geist Gottes stellt sich der Hoffnungslosigkeit entgegen und macht sensibel für das freudig Unerwartete und Schöpferische. Von diesem Geist Gottes wird die Kirche getragen. Auf diesen Geist vertraut sie auch in schwierigen Zeiten.

---

[36] Ebd.
[37] Leicht anders akzentuiert Michael Welker das Wirken des Geistes in den Gifford Lectures: Der multimodale Geist wirkt in der Suche nach Gerechtigkeit, Freiheit, Wahrheit, Frieden und Nächstenliebe (siehe MICHAEL WELKER, Zum Bild Gottes. Eine Anthropologie des Geistes, Neukirchen-Vluyn 2021).

Sachregister

Namensregister

(Namen aus dem Fließtext in **Fettdruck**)

Kunstmann, Joachim 40
Kunz, Ralph 38
Kutter, Hermann 74

La Mettrie, Julien Offray de 66
Lämmlin, Georg 28
Landmesser, Christof 16, 33, 58
Lauster, Jörg 95, 106
Levinas, Emmanuel 45
Lienau, Detlef 100
Lindemann, Andreas 34, 41
Lohfink, Gerhard 40
Lohse, Eduard 19
Loisy, Alfred F. 1
Luckmann, Thomas 60
Ludwig, Holger 3
Luhmann, Niklas 7, 60, **87, 94**, 105
Luther, Henning 27
Luther, Martin 19, 42, **64**

Maaßen, Thorsten 15
Marion, Jean-Luc 45
Martin, Christian Georg 36
Mawick, Reinhard 4
Menne, Katharina 2
Mertin, Andreas 4
Merzyn, Konrad 28
Meyns, Christoph 89
Miggelbrink, Ralf 13
Moxter, Michael 40, 79
Mulia, Christian 8
Munzinger, André 37, 41

Nassehi, Armin 85, 88

Nietzsche, Friedrich 69, 70, 74, **75**
Nitsche, Stefan A. 28
Nordhofen, Eckhard 40
Nussbaum, Martha 33

Osthövener, Claus-Dieter 3

Pannenberg, Wolfhart 29, 30, 32
Paul, Jean 66, 68
Paulus 40, 50, **78**
Pickel, Gert 81
Pietzcker, Carl 66
Pilnei, Oliver 39
Platon 32, 33, 34, **35**, 44
Poetsch, Christoph 32
Pohl-Patalong, Uta 2, 6, 7, 10, 25, 27
Polke, Christian 37, 41
Pollack, Detlef 60, 81, 88
Pompe, Hans-Hermann 9, 28
Popkes, Enno Edzard 58
Preul, Reiner 52
Probst, Gilbert J.B. 7

Radkau, Joachim 30
Ragaz, Leonhard 74
Rahner, Hugo 15, 33, 42
Ratzinger, Joseph 15, 16
Reckwitz, Andreas 26
Reisinger, Peter 35
Rinaldi, Giacomo 57
Ringleben, Joachim 42
Rohls, Jan 40
Rolf, Sibylle 47
Römer, Thomas 33